그린썸, 식물을 키우는 손

유고

정원, 알아차림을 위해 곁에 두는 자연,

자세히 들여다보는 순간

많은 것이 들어 있고, 보이는 곳.

정원일, 작은 씨앗에서 생명을 탄생시키고,

적당한 흙의 온도를 감지하고,

눈에 보일 듯 말 듯한 잡초의 싹을 뽑는 일.

마당에 심은 감나무,

텃밭에 심은 치커리,

창가에 둔 제라늄 화분에

책임을 지는 것.

빈 땅에 꽃을 피워 허공에 그림을 완성하는 디자이너,

식물과 사람 사이에서 밸런스를 맞추는 사람, 정원사.

그린썸,

    초록물이 든 손.

    내 손은 점점 마디가 굵어지고 있다.

그러나 내 손은 흙과 친하게 지내고 있다.

식물에게 친절하게 대하고 있다. 내 손은 살아 움직이고 있다.

다음 생에 다시 태어난다면 나는 또 정원사가 될 것이다.

그다음 생에도 그럴 것이다.

한 번으로 족하기에 정원사란 직업은 너무 크기 때문이다.

• 칼 푀르스터

• 프롤로그

오랜만에 여유로운 휴일 아침을 맞았다. 늦잠으로 부족한 잠을 채우고 게으름을 피우다가 오전이 다 가기 전에 결국 작업실로 향한다. 이유는 간단하다. 작업실에 있는 화분과 식물에 물을 주어야 하기 때문이다. 요즘처럼 덥고 쨍쨍한 날이 계속되면 정원으로 옮겨 심기 전에 대기 중인 화분에는 하루라도 물주기를 빼먹을 수 없다. 물을 주려고 보니 찬란하게 피고 진 꽃들도 다듬어주고, 어느새 무성해진 잡초를 뽑는 데 손이 먼저 간다. 내친김에 공터에 마구 자란 풀까지 벤다. 장미 꽃봉오리를 잠식한 진딧물도 처단한다. 하려던 일은 까맣게 잊고 두 시간을 정원을 돌보는 데 쏟았더니 땀이 송골송골 맺힌다. 나도 모르게 피식 웃음이 났다. 휴일에 하고 있는 일이 또 정원일이라니. 작업실을 시작한 이후로 하루도 손에서 식물을 놓질 않는 걸 보면 나는 참 다른 재주도, 재미도 없는 여자인가 싶다.

정원일에 재능이 있는 사람을 그린썸(Green Thumb)이라고 한다. 그린썸 하면 두 가지 기억이 떠오른다. 영국에서 갓 정원사가 되었을 때 만났던 헤드 가드너의 손가락. 30년간 정원일을 해왔다던 정원사의 손가락에 파랗게 풀물이 든 것을 보고 가슴이 뛰었던 기억이 선명하다. 다른 하나는 어렸을 때 봤던 만화영화 〈기적의 천사 티스토〉. 신비한 엄지의 능력을 가진 아이의 이야기다. 티스토가 엄지를 화분에 꾹꾹 누르면 새싹이 돋아나고 금세 꽃이 핀다. 교도소 벽에 엄지로 그림을 그리듯 문지르니 다음 날 아침 벽에서 꽃이 피어나고, 전쟁을 준비하는 대포에 엄지를 쓱싹 문지르자 대포알 대신 꽃송이가 펑펑 터진다. 티스토의 엄지는 세상을 꽃으로 물들게 했다. 세상의 어둠을 꽃으로 칠하고 슬픔을 꽃으로 웃게 했다. 슬프게도 티스토의 능력이 내 엄지에는 존재하지 않는다. 그렇다고 모든 식물을 잘 살려내는 것도 아니고, 눈에 띄는 꽃들마다 이름을 줄줄 외우는 것도 아니다. 그럼에도 과감하게 식물이 어찌고저찌고, 가드닝이 이렇고저렇고 용기를 내 글을 쓴 건 티스토의 마음에 공감하기 때문이다.

초록색 엄지로 세상의 전쟁을 멈출 수는 없을지언정 마음의 전쟁은 가라앉힐 수 있다. 손끝이 닿아 건강하고 예쁘게 자라는 풀이 있는 화단에서는 몸도 마음도 쉬었다 간다. 그린썸은 만지는 족족 초록으로 변하는 신비의 손가락이 아닌, 식물에 손을 가까이 대고 싶어 하는 마음이 아닐까. 정원일이 생활로 들어와서 일상이 되어가는 의뢰인들을 볼 때면 내 일에 보람을 느낀다. 내가 가질 수 있는 그린썸은 손가락에 초록물을 들이는 것만이 아니라, 주변 사람들에게도 그 즐거움을 마구마구 퍼트리는 것이다. 가드닝의 즐거움으로 물들이는 신비, 이것은 티스토의 엄지에서 뿜어지는 초능력이 아니니, 나에게도 가능한 일이지 않을까. 엄지를 곧게 펴고 크게 외친다. "가드닝 할 사람 여기여기 붙어라!"

• 차례

정원일, 초록물이 든 손가락 ·25

- 서튼플레이스의 3주 차 정원사
- 식물에게 친절한 손
- 발견하는 아름다운 여행
- 누군가의 정원의 오후
- 오렌지나무 온실
- 정원이 있는 삶
- 엄마의 정원
- 노동이 주는 우아한 기쁨

정원사의 작업실 1 ·87

- 식물을 위한 보금자리 만들기
- 꽃보다 잎사귀
- 동물적 감각의 움직임, 덩굴식물
- 어서 만나고 싶은 마음, 겨울을 이겨낸 봄꽃
- 꽃들의 런웨이, 여름꽃
- 코끝, 혀끝으로 전해지는 허브의 행복
- 텃밭 한 평, 건강한 샐러드 한 접시

2

정원, 가드닝 본능 · 129

- 봄을 알리는 숲의 요정들
- 흙, 꽃, 나무와 친해지는 기분
- 잡초의 전략, 정원사의 전략
- 수채화를 닮은 정원
- 카틀레야, 꽃 한 송이
- 장미와 시종
- 움직이는 정원
- 꽃처럼 한철만 사랑해줄 건가요

정원사의 작업실 2 · 183

- 정원의 클라이맥스, 가을꽃
- 겨울 정원을 대하는 우리의 자세
- 공기 청소부, 실내 식물
- 전략적인 화장술이 돋보이는 난
- 화분에서 가꾸는 작은 정원
- 물에 담긴 작은 연못, 수반
- 우리 집 정원, 내 손으로 만든다면

3

정원사, 일요일 아침꽃 한 다발 · 225

- 생활 속에서 누리는 일상의 정원
- 이곳의 산책자라면
- 자연스러운 옷차림, 영국식 정원
- 정원이 주는 선물
- 혼자보다 우리일 때, 도시 정원사
- 게릴라 가든 일지
- 정원에서 함께 늙어간다는 것

일러두기

식물종에 부여된 이름은 국제식물명명규약에 기준한 '학명'과 우리나라에서만 쓰는 '국명', 국가별로 자신의 언어와 문자로 표기하는 '외국명' 등이 있으며, 또한 우리나라의 각 지방에서 사용하는 '향명'도 있다. 정확한 표기를 위해서는 국제식물명명규약에서 정한 방식으로 학명을 사용하는 것이 좋으나, 이 책에서는 글의 흐름을 고려해 학명 표기를 엄격히 따르지 않기로 했다. 다만, 특정 종에 대한 정확한 지칭이 필요한 경우에만 기준에 따라 학명을 표기했다.

- 국명이 보편적으로 사용되는 식물은 국명만 표기하거나 속명으로 표기한다.
- 학명 표기와 국명(추천명) 표기의 기준은 국가표준식물목록을 따른다.
- 종명 이하가 식물의 특성을 이해하는 데 필요한 경우에는 학명을 표기하도록 하고, 통용되는 향명이 있더라도 국가표준식물목록의 국명을 기준으로 표기한다. 가령, 참억새 종류를 두루 일컬을 때에는 학명 표기 없이 '참억새'로 표기. 단, 특정 품종의 특징이 언급되는 경우에는 다음과 같이 국명과 함께 학명을 표기한다.
  예) 참억새 '딕시랜드'(*Miscanthus sinensis* 'Dixieland')

1

정원일, 초록물이 든 손가락

Gardening

Green Thumb

서튼 플레이스의 3주차 정원사

정원일은 몸을 움직이는 일이다. 한동안 몸을 쓰지 않았다면 오랜만의 정원일로 잠자고 있던 근육이 풀어지면서 잠시 활력을 느낀다. 하지만 일이 오래 이어지면 어깨가 뭉치고 팔이 쑤시고 허리가 뻐근해진다. 몸을 쓰는 일은 힘이 아니라 요령이라고들 하지만 체력적으로 고단했던 어느 여름에는 두어 달 경락 마사지로 근육을 풀어가며 일정을 소화해야만 했다. 하지만 정원에서 일을 해본 사람이라면 알 수 있을 것이다. 분명히 고된 일인데 한번 시작하면 멈출 수 없는 것이, 마치 모터를 달고 있는 기분이랄까. 나뿐만 아니라 가드닝에 빠져 있는 사람들이 하나같이 입을 모아 하는 이야기다.

마당 한편에 화단을 만들겠다고 마음먹었다고 하자. 머릿속으로 대략적인 화단의 모습을 그렸다면 당장 팔부터 걷어붙일 것이다. 품종 카탈로그나 잡지를 뒤적이고 인터넷에서 자료를 찾는 등 이런저런 궁리는 이미 몇 달 전에 시작되었을 것이다. 첼시 플라워쇼에 출품된 최근 유행을 따라 하고 싶기도 하고, 베스 샤토(Beth Chatto, 영국의 정원 디자이너, 작가) 여사의 교과서적

Gardening

인 자갈 정원에 도전하고 싶은 의욕도 넘친다. 머릿속에 어떤 모습이 그려지든 우리 집 앞마당이 새롭게 태어날 생각을 하면 이미 마음은 흐드러지게 핀 꽃밭으로 달려가고 얼굴에는 행복한 미소가 피어오른다.

상상 속에서만 머무르지 않으려면 한시라도 빨리 몸을 움직여야 한다. 가장 먼저 할 일은 화단을 만들 자리에 구획을 지어 맨땅을 뒤집어엎는 일. 결코 만만하게 볼 일이 아니다. 일단 삽을 잡고 일을 시작하면 옴짝달싹 못할 확률이 높기 때문에 시간과 수고를 절약하려면 중간중간 갈증을 해소할 물 한 병을 준비한다. 챙 넓은 밀짚모자를 쓰고, 땀 닦을 수건도 허리춤에 찬다. 이제 삽으로 흙을 부수고, 양질의 거무튀튀한 부엽토를 섞어 엎어 고르게 정리한다. 삽을 들고 흙을 파다 보면 팔, 다리, 허리까지 힘이 안 들어가는 곳이 없다는 것을 온몸으로 절절히 깨닫는다. 보기보다 쉬운 일이 아님을 알아차린 순간, 이미 땅은 되돌릴 길 없이 파헤쳐져 있다.

삽과 레이크로 흙 고르기를 마치고 나서야 허리를 한 번 쭉 펴고 땀을 훔친다. 입에서는 "아고고" 소리가 흘러나온다. 하지만 고슬거리는 흙바닥을 보고 있자면 신음소리가 끝나기도 전에 고단함이 싹 달아난다. '오늘은 이만큼만 할까?' 하는 게으른 생각 따위는 들어설 틈도 없이 어느새 장갑을 손가락 마디마디에 꽉꽉 채워 낀다. 오늘은 무조건 화단을 완성하겠다는 다짐뿐이다. 머릿속엔 이미 독일붓꽃, 금꿩의다리, 긴산꼬리풀이 흐드러지게 피어 바람에 살랑이는데 삽질 몇 번으로 힘든 것쯤이야. 다시 이를 악문다. 이 지난하고 힘든 기반 작업이 마무리되어야 비로소 식물을 심을 수 있다. 이상하게도 이쯤에선 콧노

래가 절로 나온다. 송이송이 맺힌 땀방울과 약간은 뻐근한 팔이 오히려 개운하게 느껴지기까지 한다. 다른 사람 눈에는 별로 달라진 것이 없을지 몰라도 내 눈에는 작은 변화의 모임들이 보인다.

식물을 화분에서 조심스레 빼내어 마치 금덩이를 땅에 묻듯 하나씩 신중하게 심어나간다. 점점 초록으로 채워지는 흙바닥을 바라보면 가슴 밑바닥에서 뿌듯함이 올라온다. 구부정했던 허리를 쭉 펴면서 한 번 더 "아고고……". 이젠 정말 피로감이 몰려올 때다. 하지만 버려진 마당이 구석구석 색색 옷으로 갈아입고 변신을 할 상상을 하면 또다시 이런 고단함쯤이야.

정원일은 한번 출발하면 끝까지 달려야 하는 마라톤과 같다. 숨을 몰아쉬면서 속도를 늦추기도 하고 물도 마시면서 템포를 조절할 수는 있지만, 도중에 그만두는 것은 러너로서 상상할 수 없는 일이다. 2년 연속 10킬로미터 마라톤에 도전한 적이 있다. 반환점을 돌 때면 다리가 뻐근하고 숨이 가빠오면서 더 이상 뛸 수 없을 것 같은 한계에 도달한다. 머릿속을 가득 채운 고통마저 흰 백지가 되고 오로지 다리만 자동적으로 움직인다. 그렇게 한참을 달리다 보면 어느새 골인 지점이다. 숨이 턱까지 차올라 폐가 저릴 정도로 고통스럽지만 완주 메달을 받고 몰려오는 성취감 때문에 1년 뒤에는 또다시 도전하게 된다. 『나는 달린다』의 요슈카 피셔는 "달릴 때 어느 순간에는 무아지경의 상태와 같이 머릿속이 맑아지는 것을 느낄 때가 있다"고 했다. 정원일에도 이런 '러너스 하이'가 있다. 일정 궤도에 들어서면 자신을 잊어버리고 행복감과 황홀감, 나아가 깊은 몰입의 지점에 도달한다. 천만다행인 것은 정원일의 최고점은 마라톤보다 고통스럽지 않게 찾아온다는 사실이다.

분명 힘들고 고된 일인데 이 일이 몸에 착착 붙는 이유는 무엇일까? 정원에서 힘겹게 일을 마친 후에는 괜히 사서 고생하는 것은 아닐까, 다음에는 사람을 불러야지 마음먹다가도 마라톤 선수가 러너스 하이를 다시 경험하기 위해 고통의 42.195킬로미터 레이스에 뛰어들듯 정원사들도 다음 일거리를 찾아 기웃거린다.

정원사 게리 그루언하겐(Gary A. Gruenhagen)은 우리가 정원에서 팔과 다리를 움직여 땀을 흘리는 이유를 지오트로핀(geotrophin)이라는 물질로 설명한 바 있다. 땅을 파거나, 흙을 고르거나, 정원에 물을 뿌릴 때 우리 뇌에서 지오트로핀이라는 호르몬이 분비된다는 것이다. 호르몬이야 어찌 됐든 가드닝에 중독되는 원인을 두루뭉술하게 찾아본다면, 단연 재미가 그 첫 번째이지 않을까 싶다. 몸을 움직이는 재미, 일한 자리의 변화를 경험하는 재미, 아무것도 없는 맨땅에서 어린 식물이 자라 커나가는 것을 보는 재미, 날씨에 관심을 가지는 재미, 열중할 수 있는 재미, 이런 여러 가지 재미들이 복합적으로 결합된 재미가 더해져서 시간 가는 줄 모르고 몰입하게 된다. 그리고 가드닝의 재미를 느끼는 순간 '행복 호르몬'이 나오면서 자연스럽게 가드닝에 중독되고 만다.

내가 언제 어떤 계기로 가드닝의 재미를 느끼기 시작했는지 떠올려본다. 오래전 일기를 넘기다 보면 "레드선!" 하고 최면이 시작되어 가드닝의 블랙홀 속으로 빠져들어가는 듯한 순간을 발견할 수 있지 않을까. 영국 서튼플레이스 가든(Sutton Place

Garden)에서 일을 시작하고 3주가 지난 즈음에 쓴 일기가 눈에 들어온다. 이때가 아니었을까, 내게 가드닝의 세계가 마법처럼 다가온 순간은.

'나는 서튼플레이스 가든의 3주 차 정원사다. 오늘 첫 월급명세서를 받았다. 영국 땅을 밟고 2년 만에 처음으로 땀내가 물씬 나는 파운드가 통장으로 들어온 역사적인 날이다. 문득 영국에 온 지 한 달쯤 되었을 무렵 살인적인 물가에 벌벌 떨던 시절이 떠오른다. 노팅힐에서 마음에 쏙 드는 시계를 발견하고도 들었다 놨다 하며 '첫 월급을 타면 사리라' 어금니를 꽉 물고 마음 다잡던. 하지만 그때는 영국에서 월급을 손에 넣겠다는 것은, 더욱이 정원사로 월급을 받겠다는 것은 그저 희망사항일 뿐이었다.

근무를 시작하기 이틀 전에 정원사들과 함께 지낼 숙소로 이사를 왔다. 얼핏 봐도 지은 지 몇십 년은 된 듯한 낡은 코티지 하우스다. 1층은 서튼플레이스 가든 2년 차인 크리스가 쓰고, 2층으로 올라와 계단참 양쪽으로 난 방은 나와 올리가 각각 쓴다. 낡은 카펫과 낮은 천장, 무너질 듯한 벽난로는 낭만적인 영국식 주택이라기보다 그냥 허름하기 짝이 없는 시골집이다. 거실의 텔레비전은 더 가관이다. 손바닥으로 치면서 봐야 할 것 같은 외관에 화면은 올 핑크 컬러로 명암만 차이가 있을 뿐이다.

일찍 샤워를 하고 식탁에 잠깐 앉았다. 손을 내려다보니 왼쪽 손 검지, 약지에는 가위에 벤 자국이 선명하고, 손톱 틈새에 낀 흙이 도드라져 보인다. 손톱은 흙 때가 끼고, 낀 데 또 껴 점점 지우기 힘들어지고 있다. 잡초 뽑을 때 장갑은 무용지물이다.

Gardening

이런 손가락을 안쓰럽게 쳐다보고 난 뒤에는 어떻게든 장갑을 고수해보려고 하지만 손끝이 무뎌지는 것이 거추장스러워 어느새 벗어던지고 만다. 손톱뿐인가. 왼쪽 새끼발톱은 빠진 줄도 모르고 며칠을 지냈다가 어제 발견하고 잘라버렸다. 설상가상으로 오른쪽 무릎에는 짙은 갈색 딱지가 크게 붙어 있어 흉측하다. 주치의가 곰팡이 균 감염이라며 처방해준 약을 바르고 점점 좋아지고는 있지만 당분간은 더워도 일할 때 반바지는 입을 수 없겠다.

집, 정원, 집. 이 심플한 삼각 고리가 월요일에서 금요일까지 나의 동선이다. 금요일에 세인즈베리에서 장을 보고 차에 기름을 채우는 일과가 평일 퇴근 후의 유일한 외출이다. 주말에도 고작 길포드 시내나 런던으로 잠시 나가볼 뿐이다. 그러니 출퇴근길 차림새를 신경 쓸 일은 전혀 없다. 오가는 차나 사람은 없고 때때로 사람과 눈이 마주친 토끼가 화들짝 놀라 뛰어가는 한적한 길을 따라 자동차로 5분이면 정원에 도착한다. 정원사 식구들, 직원들과도 매일 보고 익숙해지니 외모는 최소한의 예의 정도만 유지한다. 같은 집에 살고 있는 동료 크리스와 올리는 내 나이 또래의 영국 남자들이다. 하지만 주말을 제외하고 24시간을 붙어 지내서 그런지 눈썹도 안 그린 얼굴로 대면해도 전혀 부끄럽지 않게 되었다. 자연인이 돼가는 것 같다. 화장기 쏙 빠진 얼굴에 깨알같이 박힌 주근깨, 질끈 묶은 머리는 그야말로 영국 컨트리 촌년이다. 시간이 멈춰버린 듯한 서튼플레이스와 아주 잘 어울리는 모양새로 살고 있다. 다행이다. 여기가 한국이 아닌 영국의 한적한 곳이라서.

정원일은 생각보다 쉽지 않다. 초보자가 지나간 화단은 폐허나

마찬가지다. 뒤를 돌아보면 한숨이 절로 나온다. 2년 차 크리스와 함께 일할 때면 확연하게 비교되어 고개가 무겁게 떨어진다. 오늘은 온실 유리 한 장을 떨어뜨려 깨트렸고, 어제는 예초기 손잡이를 고장 냈다. 날마다 사고를 치는 새내기 정원사지만 앞으로 차차 좋아질 거라고 스스로를 토닥인다. 처음 며칠은 혼자 눈물도 흘리고 집으로 돌아갈까 고민도 했다. 하지만 어쩌겠나. 긍정적으로 생각해야만 버틸 수 있을 것 같다.

이런 날들이 3주 동안 계속되었지만 최근에는 하루 일과를 마치고 돌아오면 작고 어두운 이 집이 아늑하고 편안하게 느껴진다. 하루의 피로를 샤워로 쓸어내고 퇴근길에 키친 가든에서 막 따온 당근과 호박으로 저녁을 준비한다. 적막한 오두막의 작은 방이지만 자리에 누우면 뿌듯한 마음이 일면서 이내 깊은 잠에 빠져든다. 아침이면 가뿐하게 일어나고 출근길에는 콧노래마저 흥얼거린다. 더구나 무엇이든 맛있게 먹는 왕성한 식욕으로 하루하루 건강해지고 있는 걸 느낀다. 지금은 우왕좌왕하는 모습이지만 1년 후에는 나도 크리스처럼 침착한 정원사가 되어 있으리란 기대가 일고 있다. 오늘 이 일기를 보며 푸핫 웃을 수 있을 그때 말이다.'

Gardening

식 물 에 게
친 절 한 손

요새도 끼고 있던 장갑을 벗어던지고 흙을 만지는 내 손을 발견한다. 예쁜 손을 포기한 나는 그렇다 해도 이제 막 가드닝을 시작한 오랑쥬리의 수강생들도 처음 몇 주는 장갑을 꼭 챙겨 끼다가도 수업의 절반을 넘기면 맨손이 편하다며 손끝에 닿는 흙의 감촉을 즐기는 모습을 본다. 손이 트지는 않을까, 긁히지는 않을까 걱정하면서도 그런 손의 움직임이 예뻐 보여 카메라에 유독 손의 모습을 많이 담는다. 렌즈를 통해 볼 때면 섬세한 손동작만큼 예쁜 것이 없다.

그렇다고 거친 손이 항상 사랑스러운 것은 아니다. 때로는 살짝 포개어 숨기고 싶을 때도 있다. 크리스마스가 다가오면 편백나무, 삼나무, 오리나무 열매, 청미래 덩굴 열매 등 자연 소재를 이용해 리스 만드는 일로 바빠진다. 피톤치드가 가장 많이 분비되는 편백나무 잎과 삼나무에서는 코끝을 상쾌하게 감싸는 향기가 은은하게 퍼져 작업실 문을 열고 들어서는 순간 숲의 청량함을 느낄 수 있다. 향기는 좋지만 제작은 만만치 않다. 잎을 훑어가며 와이어로 가지를 하나씩 고정하기 때문에 손이 많이

가는 작업이다. 시간 가는 줄 모르고 작업하다 보면 어느덧 손끝이 새카맣게 물들어 있다. 특히 삼나무 잎을 떼면서 묻어나는 끈끈한 진액은 비누로 한두 번 씻어선 절대 지워지지 않는다.

그날은 리스를 만들다가 미용실 갈 시간이 다 되어 하던 일을 멈추고 서둘러 나섰다. 손을 씻을 정신도 없이 도착해서 앉으니 직원이 커피를 내준다. 컵을 받아 드는 순간, 초록색인지 검은색인지 풀물이 들어 거무튀튀한 나의 손이 너무나 초라하게 느껴졌다. 머리는 단정하게 하겠다고 왔는데 관리는커녕 제대로 씻지도 못한 손이 부끄러웠다. 다음 날 곧장 동네 네일숍으로 달려갔다. 그동안 무참하게 방치한 손에게 보상이라도 하듯이. 관리를 받아 깨끗하고 보송보송해진 손을 보니 흙 만질 엄두가 나지 않아 조심스럽게 손을 사린다. 하지만 그도 잠시뿐이다. 흙을 만지는 손은 수분 가득한 고운 손이 되기를 포기한다. 흙과 닿으면 금세 거칠고 건조해지고 만다. 이제 내 사전에 네일 케어란 '손톱을 깨끗하게 바싹 자르고 핸드크림을 듬뿍 바르는 것'으로 정의 내려진다.

처음 정원사로 일하려고 마음먹었을 때 손에 풀물이 들어 초록이 될 때까지 일해보겠노라 다짐했다. 미국의 환경운동가이며 저널리스트, 정원일에 뛰어난 소질을 가진 마이클 폴란(Michael Pollan) 교수는 그의 대표적인 정원 교육서 『세컨 네이처Second Nature』에서 '초록 엄지(Green Thumb)'에 대해 이렇게 언급한다. "초록 엄지는 불확실한 자연에 직면해서 항상 한결같다. 규제하거나, 설명을 붙이거나, 한 가지로 모든 것을 해결하려는 필요성을 배제한 채 오직 자연의 신비 안에서만 움직인다." 원예에 재능이 있는 사람을 가리키는 '초록 엄지', '초록 손가락'이라는 말에는 묵묵히 한결같이 한 가지 일에 몰두한 시간 그리고 그 시간이 응축된 생명의 에너지가 함축되어 있다.

초록 엄지에 도취되었을 때 마침 서튼플레이스 가든에서 인터뷰를 보러 오라는 기별이 왔다. 헤드 가드너 마틴과 인터뷰를 하는 날, 함께 정원을 거닐며 이야기를 나누면서 나는 그의 두 손에 자꾸만 시선을 빼앗겼다. '초록 손가락'을 가까이에서 실제로 본 것은 그때가 처음이었다. 하지만 그의 손은 초록의 생기가 뿜어져 나오기보다는 차라리 퉁퉁하고 거칠고 거무튀튀한 농부의 손이었다. 나는 그 세월의 흔적을 구체적인 숫자로 물었다. 그는 스무 살 때부터 30년이 넘는 세월을 정원에서 살았고 앞으로 남은 삶도 그러지 않겠느냐고 했다. 장인의 향기를 품은 30년 된 '초록 손가락'은 생각보다 초라하고 남루했지만 그 손가락에서만 시작될 수 있는 그의 이야기에서 가슴을 저리게 하는 묵직함이 전해졌다.

인터뷰를 마무리하면서 마틴이 물었다. "왜 정원사가 되고 싶은가요? 한국이란 나라에서 멀리 이곳까지 와서 이 일을 하려는 이유가 궁금하네요." 그는 나의 열정이 어느 정도 되는지, 과연 서튼플레이스 가든에서 1년을 버틸 수 있을 것인지 물어오고 있었다.

"마틴, 솔직히 나도 당신처럼 '그린 핑거스'가 될 수 있을지 모르겠어요. 하지만 내게 이 일이 한두 해 재미로만 끝날 일이 아니란 건 확신해요. 오래 하며 즐기다 보면 손가락에 풀물이 들고 시커멓게 흙 때가 끼는 날이 오겠죠. 빨간 매니큐어 대신 초록물을 들이고 싶은 게 제 꿈이에요. 정원사의 훈장처럼 자랑스럽게 말이에요."

인터뷰가 끝나고 얼마 후 두 명의 경쟁자를 제치고 마틴이 거느리는 배에 올라탔다. 한참이 지나 마틴이 인터뷰 때 이야기를 꺼냈다. 흙 묻은 손 이야기를 하며 반짝이던 내 눈빛에 점수를 더 주었다고, 열정을 느낄 수 있었다며 등을 토닥여주었다. 그의 눈빛에서 전해오는 온기가 그의 손처럼 투박하고 따듯했다.

몇 해가 지난 지금 나의 손은 더 보잘것없다. 다양한 장갑을 갖고는 있지만, 반드시 손끝의 감각이 필요할 때가 많다. 화단에 잡초가 보이면 맨손이어도 손이 먼저 나간다. 흙의 상태를 체크할 때에도 맨손이 편하다. 가드닝의 효율성을 높일 수 있도록 기능별로 고안된 다양한 도구들을 적재적소에 사용하는 것이 좋겠지만, 그것들을 다 합쳐도 결코 당해낼 수 없는 비장의 도구가 바로 정원사의 두 손이다. 작은 씨앗에서 생명을 탄생시킬 수 있는 섬세함부터 큰 나무를 받칠 수 있는 헐크 같은 괴력까지. 적당한 흙의 온도를 감지하고, 눈에 보일 듯 말 듯한 잡초의 싹을 뽑아내는 일은 아무리 정교한 도구라 해도 손을 대신할 수 없다. 정원사에게 두 손은 때로는 모종삽이 되기도 하고 핸드 포크가 되기도 한다. 그린 핑거스란 다름 아닌 '식물에 가장 적합한 도구'인 것이다.

언젠가부터 메마르고 거친 손에 더 마음이 간다. 목수의 손, 요리사의 손, 바느질하는 손, 농부의 손처럼 오로지 손으로 작업을 감당해내는 모든 손들 말이다. 정원일을 하며 점점 거칠어져 가는 내 손을 바라보는 마음과 같은 마음에서이지 않을까. 석 달에 걸쳐 가드닝 수업을 받은 수강생이 내 모습을 찍어준 사진들을 받아보았다. 그녀 역시 얼굴보다는 손의 움직임에 마음이 끌렸던 걸까. 손이 담긴 사진들이 많았다. 평소에는 잘 몰랐지만 사진 속 내 손은 흙과 친하게 지내고 있었다. 식물에게 친절하게 대하고 있었다. 내 손은 식물과 함께 살아 움직이고 있었다.

Gardening

발 견 하 는
아 름 다 운
여 행

어렸을 때 나는 수줍음 많은 아이였다. 수업시간에 발표는 곧잘 했지만 친구들과 삼삼오오 어울릴 때면 이상하게도 말수가 줄었다. 어른이 된 후에도 모임에서 옆에 앉은 사람의 이름을 물어보는 것조차 머뭇거리기 일쑤였다. 겨우 통성명을 하고 나면 그다음 대화를 어떻게 이어가야 할지 머릿속만 바쁠 뿐 쉽게 다음 말을 잇지 못했다.

예전에 비하면 지금은 사람들을 만나 말문을 트고 대화를 이어가는 것이 그리 어렵지 않다. 방법은 무척 간단하다. 상대에게 관심을 가지는 것이다. 관심을 가지면 궁금한 게 하나둘 생긴다. 그 순간 약간의 용기를 내면 된다. "이름이 뭐예요?" 조금 더 알고 싶다면 "어디 살아요?"라고 묻는다. "어떤 성격이에요?" 하고 물어보기는 어렵겠지만, 무슨 색 좋아해요, 요즘 무슨 영화 재미있게 봤어요, 이렇게 물어볼 수는 있지 않은가. 더 궁금한 게 남는다면? 다음에 또 만나면 된다.

아주 간단한 방법이지만 나는 이것을 식물과 지내면서 깨우

쳤다. 길거리를 지나다가 혹은 농장에 들렀다가 처음 보는 꽃을 보면 궁금해진다. 그럼 주저하지 않고 물어본다. "이건 뭐예요?" 식물원에 다녀온 후라면 며칠 동안 도감을 찾으며 시간을 보내기도 한다. 이름을 적어 벽에 붙여놓고 소리 내어 불러본다. 물론 잘 외워지지 않고 입에 착 달라붙지 않는 이름이 더 많다. 그래도 멈출 수 없는 것은, 그렇게 친해지려고 노력하다 보면 그다음부터는 눈에 잘 보인다는 것을 알기 때문이다. 유홍준의 『나의 문화유산답사기』에 이런 표현이 나온다. "사랑하면 알게 되고, 알면 보이나니, 그때 보이는 것은 전과 같지 않으리라." 미술 작품이나 문화유산에만 국한된 말일까? 내게 '아는 만큼 보인다'는 진리는 정원과 식물에 그대로 옮겨졌다.

알아가는 과정의 첫 번째는 이름이다. 처음 보면 '상대'의 이름이 가장 먼저 궁금해진다. 그리고 어떤 기후에서 잘 자라는지, 어느 나라에 주로 분포하는지 궁금해져 "넌 어디서 왔니?" 하고 물어본다. 정말 키워보고 싶다면 꼭 메모를 해둔다. 이렇게 새롭게 알게 된 식물은 그다음부터는 마치 필연처럼 자꾸만 눈에 띄거나 이름이 귀에 들어온다. 그러다 보면 기회가 닿아 모종이나 씨앗을 사게 된다. 운이 좋으면 정원 친구들과 이야기하는 중이나 다른 이의 정원에 놀러갔을 때 조금 얻어올 기회가 생기기도 한다. 관심을 갖지 않았다면 우연한 소득은 없었을지 모른다.

관심에서 시작해 알아나가면 더 많이 보이고 새로운 것들이 눈에 들어오기 시작한다. 그렇게 여러 번 보기를 반복하니 어느새 서슴지 않고 이야기를 나누는 친근한 동료처럼 여겨진다. 끊임없이 알아가고 애정의 눈으로 봐야 한다. 그 끝이 어디든 알아가면서 더 사랑하게 되는 마음이 생긴다. 그러면 날마다 걷던 길에서 피어나는 그 꽃이 그제야 눈에 들어온다.

그렇게 식물에 관심을 가지다 보면 어느 순간 나 자신이 들여다보이기 시작한다. 내가 좋아하는 꽃이 무엇이었는지, 어떤 정원을 좋아하는지가 전부가 아니다. 나는 어떤 순간을 좋아하고, 어떤 스타일로 일하고, 누구와 함께 있을 때 행복한지가 서서히 뚜렷해진다. 꽃과 식물이 있는 자연은 나를 투영하는 거울이 되고 나는 정원 속에서 몰랐던 나를 발견하게 된다. 그렇게 정원은 발견하는 아름다운 여행이 된다.

누군가는 이렇게 충고한다. 미워하거나 어려운 사람을 대할 때 애인을 대하는 마음으로, 애인에게 하듯이 말을 건네면 어렵지 않게 친해지고 좋은 관계를 유지할 수 있을 거라고. 나는 이렇게 말하고 싶다. 상대가 누구든 꽃을 바라보는 마음으로, 꽃을 대하는 마음으로 대하기를. 정원을 가꾸는 사람이라면 정원에 정성을 쏟고 애정을 쏟듯이 사람을 대하기를. 발견의 여행 중에 바라보는 세상이 꽃빛으로 물들어가는 변화를 만나게 될 테니.

Gardening

누 군 가 의
정　　원　의
오　　　　후

차가운 대지가 얼어붙은 흙을 꽉 움켜쥔 2월, 작업실 오랑쥬리의 문을 열었다. 땅 위에서 찬바람을 맞기에는 온몸이 아린 겨울이었다. 하지만 같은 겨울이라고 해도 12월의 겨울과 2월의 겨울은 확연히 다르다. 12월의 겨울이 한겨울로 내리닫는 혹독함으로 몸을 꽁꽁 묶어둔다면, 2월의 겨울은 봄으로 향하는 온기를 머금기 시작해 닫혔던 마음의 빗장이 스르르 열리는 말캉말캉한 겨울이다. 이즈음에는 때 아닌 함박눈이 내린다 해도 소복이 쌓인 눈이 폭신한 이불처럼 보이는 관대함마저 불러일으킨다. 바깥 공기는 여전히 싸늘하게 매서워도 2월은 나른한 기지개를 켜게 되는, 봄을 향한 겨울이다. 물론 이런 기분만으로 정원에서 행동 개시를 했다가는 큰 낭패를 보기 십상이다. 봄을 향한 설렘이 일어도 여전히 혹독한 겨울임을 잊어서는 안 된다. 인내심이 필요하다.

봄을 기다리듯 작업실로 밀려들어올 손님을 기다렸다. 하지만 작업실이 자리한 분당 운중동 카페 거리는 오가는 사람이 그리 많지 않았다. 더구나 구석진 골목에 간판도 시원치 않게 걸려 있으니 사람 구경조차 힘들었다. 봄을 기다리는 마음에 사람을 기다리는 마음까지 더해져 애가 탔다. 어쩌다 지나가던 사람이 호기심으로 빼꼼 문을 열고 들어오면 무인도에서 사람을 만난 것처럼 그렇게 반가울 수가 없었다. 들어갈까 말까 고민하는 행인이라도 보일라치면 냉큼 밖으로 달려 나갔다. 굳이 식물 이야기, 꽃 이야기가 아니어도 먼저 넉살 좋게 말을 붙였다. 말수가 없던 나는 오랑쥬리 주인장이 되면서부터 조금씩 수다쟁이가 되어가고 있었다.

3월의 어느 날이었다. 온화한 주말 오후 작업실 문을 열고 여성분이 들어왔다. 동네로 산책을 나온 듯한 차림이었다. 그분은 호기심 가득한 눈으로 작업실을 쭉 둘러보았다. 식물이 많은 걸 봐서는 언뜻 꽃집인가 싶은데 파는 것 같지는 않고, 중앙에 놓인 큰 테이블을 보면 카페인가 싶다가도 손님 맞을 다른 테이블이 없으니 그마저도 아닌 것이 알 수 없다는 표정이다. 마침내 여기는 뭐 하는 곳이냐며 조심스레 말문을 연다. "여기는 가드닝을 가르쳐드리고, 함께 정원을 만들어가는 곳이에요." 그제야 그분의 얼굴이 환해진다. "어머, 내가 원하는 딱 그런 곳이네요. 우리 집에 정원이 있어요. 내가 가꾸고 있는…….올봄에는 제대로 정리를 해보고 싶은데, 내가 옳게 찾았네요. 저 같은 사람이 오는 데 맞죠?"

주말 오후, 산책을 나온 중년 부부가 그렇게 연락처를 남기고 작업실을 나서자 나는 뛸 듯이 기뻤다. 작업실을 열고 한 달이 지나서였다. 드디어 오랑쥬리를 필요로 하는 사람을 만났다! 그분 말을 빌리자면 찾고 있던 곳, 필요했던 바로 그런 곳이란다! 내가 막연한 기대로 무모하게 일을 벌인 것은 아니었구나,

Green Thumb

용기가 생겼다. 귀에 쏙 들어오는 그 한마디로 앞날에 희망이 보이는 것 같았다.

정원에서 흙 좀 만져본 사람이라면 섣부르게 3월에 풀을 심지는 않는다. 그러나 겨울이 움켜쥐고 있던 한기가 풀리기 전에 미리 해두어야 할 일들이 많다는 것은 분명히 알고 있다. 재빨리 움직이지 않으면 4월이 되어서 쓰나미처럼 몰려드는 일들에 파묻히고 말 테니까. 3월부터 여름 직전까지 정원을 재탄생시키는 작업이 시작되었다. 예상은 했지만 그분은 '선수'였다. 댁을 처음 방문했을 때 그분의 복장만으로도 충분히 알 수 있었다. 고무신에 편한 바지, 챙이 넓은 모자 그리고 낡은 장갑. 수강생과 선생님으로 만났지만 일주일에 이틀을 정원에서 함께 움직이다 보면 동지애가 싹트게 마련이다. 힘겹게 삽질을 하며 쌓이는 끈끈함이랄까. 그러다 한숨 돌리려 테라스에 앉아 차 한 잔 마시고, 샌드위치로 허기를 채우기도 한다. 땀을 식히며 나누는 대화가 정원과 꽃 이야기로 시작해서 선배에게 듣는 인생 이야기로 이어지면서 두 시간으로 정해진 수업 시간은 네 시간을 훌쩍 넘기곤 했다.

하루는 테라스에 나란히 앉아서 오후 내내 흙을 파고, 뒤집고, 식물을 심어가며 일군 정원을 바라보고 있었다. 커피는 달콤하고 맛있었다. 바람을 타고 불어오는 라일락 꽃향기는 더없이 싱그러웠고 나뭇가지 사이를 비집고 들어와 얼굴에 닿는 햇살이 따뜻했다. 순간 이런 의문이 떠올랐다. '내가 여기서 무엇을 하고 있는 걸까? 이 느긋함과 편안함은 무엇일까? 어디에서 오는 것일까?' 분명 정원에서만 느낄 수 있는 편안함이었다. 그런데 이곳의 편안함은 조금 새롭게 느껴졌다. 내 정원이 아닌 다른 이의 정원에서, 타인의 사적인 공간인 뒤뜰 테라스에서 노곤한 오후를 즐기고 있다는 점이 스스로 의아했다. 이 햇살, 바람, 향기는 누구의 것일까? 누군가가 스스로를 위해 만든 정원이지만 그곳의 햇살과 바람은 누구의 것도 아니었다. 골목에도 부는 바람, 공원에서도 쬘 수 있는 햇살이지만 온몸에 스며드는 정원의 바람과 햇살은 친숙하면서도 달랐다. 아주 평범하고 일상적인 것들이 새롭게 다가오고 있었다. 지금 있는 이곳, 이 순간이어야만 느낄 수 있는 편안함에 나는 흠뻑 취하고 있었다. 정원은 그곳에 있어야 비로소 느낄 수 있는 자연, 그 자연을 알아채고 누리는 순간의 행복, 그 자체다.

수업이 끝나고 1년이 지난 후 다시 정원을 찾았다. 어쩌면 그날 오후 뒤뜰 테라스에 찾아왔던 햇살과 봄 향기가 그리웠는지 모른다. 오랜만에 전화로 전해져온 그분의 목소리에서도 반가움이 묻어났다. 여행 중에 정원을 볼 때마다 내 생각이 났다며 프랑스 정원 책 한 권을 내미신다. 나도 따로 챙겨둔 박람회 티켓을 전하고 그동안 차곡차곡 쌓아놓은 이야기를 풀어냈다. 테라스에 앉아 얼마 전까지 하얗게 폈을 돌단풍 꽃을 상상하고, 수줍은 듯 고개 숙여 피어나는 매발톱꽃과 부풀어 올라 탱글탱글한 애기기린초를 바라본다. 정원은 1년 만에 화려한 꽃들이 더해지며 더 풍성해지고 모습도 사뭇 달라졌지만 이곳에서 느꼈던 처음의 편안함은 변함이 없었다. 그 안에 가만히 서면 미소 짓게 하는 정원을 내 몸이 자세히 기억하고 있었다. 흙에서 봄내음이 피어오르기 시작한다. 뒤뜰 테라스에 앉아 지긋이 바라보던 정원의 추억이 다시 피어오르는 순간이다.

Green Thumb

오 렌 지 나 무
온   실

발음하기도 어렵고 낯선 단어, 오랑쥬리. 그 이름의 의미와 사연을 궁금해하는 분들이 많다. 엉뚱하게 오랑우탄과 관련이 있느냐고 묻기도 하고 눈치 빠른 사람은 오렌지나무와 연관 지어 뜻을 유추해보기도 한다. 오랑쥬리는 간단히 말해 '오렌지나무 온실'이라는 뜻이다. 영어로는 'orangery'인데, 작업실 오랑쥬리는 프랑스어 'orangerie'의 발음을 따랐다.

르네상스 시대 서유럽 사람들은 스페인 남부에서 오렌지나무, 레몬나무를 키우는 것을 보고 자신들의 정원에 그것들을 들여오고 싶어 했다. 하지만 서유럽의 차가운 겨울 기후는 시트러스(citrus, 감귤류 과일) 나무가 살기에 적합하지 않다. 그래서 오렌지나무를 화분에 심어 정원에서 키우다가 겨울이 되면 적정한 온도가 유지될 수 있는 유리온실을 지어 그곳으로 옮겨 키웠다. 이 유리온실이 바로 오랑쥬리의 시작이다. 지금도 그 시대 또는 이후에 만들어진 유럽의 정원에서는 오랑쥬리를 볼 수 있다.

오랜 세월이 지나도 본래 모습을 유지하고 있는 온실에는 긴 세월과 정성이 고스란히 담겨 있다. 프랑스 베르사유 궁에서 정원으로 나오면 둥근 연못을 중심으로 화려한 문양이 초록 카펫처럼 깔린 평면화단을 볼 수 있다. 화단 한쪽에는 화분에 심긴 3천여 그루의 오렌지나무를 비롯한 시트러스 나무들이 겨울을 날 수 있도록 마련된 건물이 있는데, 이곳이 바로 오랜 역사를 가진 오랑쥬리이다. 오랑쥬리는 난대성 식물의 월동 장소로 시작했지만 지금은 단순히 온실로만 사용되지 않는 곳들도 있다. 인상주의 회화의 보고로 알려진 프랑스 파리의 '오랑쥬리 미술관'은 1852년 지어질 당시 튈르리 정원(Le jardins des Tuileries)의 오렌지나무를 보관하는 온실이었으나 1900년대에 들어와 모네의 〈수련〉 시리즈를 비롯한 수많은 유명 회화가 전시되면서 현재까지 미술관으로 사용되고 있다. 영국 런던의 켄징턴 궁전 안 오랑쥬리는 정원을 바라보며 오후의 차를 여유롭게 즐길 수 있는 카페로 더 유명하다.

작업실 이름을 놓고 고민하다가 결국 한 번에 알아듣기도 힘든 단어인 오랑쥬리를 선택한 것은 오랫동안 지녀왔던 유리온실에 대한 로망에서 비롯되었다. 더구나 오랑쥬리는 독립을 꿈꿨던 작업과 그 공간을 표현하는 데 무척 잘 들어맞았다. 정원을 구성하는 시설 가운데 온실은 식물의 생명을 틔우고 보살피고 생산해내는 인큐베이터 같은 곳이다. 그 안에서 가드너의 손길은 신중하고 섬세하다. 온 신경이 손가락 끝에 밀집된다. 온실에서 가드너의 눈매는 탐구열과 학구열이 불타오르는 학자의 날렵한 눈매로 변신한다. 새로 돋아나는 싹의 움틈과 여려 보이지만 도도하게 중력을 거스르는 줄기의 곧은 힘 앞에서 경탄하는 동시에 겸허해진다. 다른 물체는 공기 중에 붕 떠 있는 듯한 진공과 같은 상태에서 숨죽인 채 식물과 오롯이 대화할 수 있는 곳, 사람과 식물의 활발한 소통으로 가득 채워진 공간이 바로 온실인 것이다. 그래서 정원을 갖게 된다면 단 한 평이라도 유리온실을 만들겠다고 꿈꿔왔고, 지금도 간절히 소망하고 있다. 어떤 모습의 온실이 될 것인지 머릿속으로 그리다 보면 흐뭇한 웃음이 감출 길 없이 입가에 떠오른다.

유리온실에는 무엇보다 씨앗을 뿌리고 새싹을 키워낼 수 있는 흙을 담는 선반이 꼭 있어야 한다. 메모하고 기록할 수 있는 책상, 약품 및 작은 재료를 보관할 수 있는 서랍 달린 선반도 따로 필요하다. 꽃이 지고 난 후 맺힌 씨앗이나 어딘가에서 채종해 온 씨앗들을 저장할 서랍이 그늘지고 바람이 잘 통하는 곳에 마련되면 좋을 것 같다. 서랍 칸칸에 이름을 적어 끼워 넣을 수 있으면 더할 나위 없이 좋겠다. 식물의 목마름을 해소해줄 물도 필요하니 호스를 연결할 수도가 없어서는 안 된다. 큰 화분을 씻고 옮기기 편하게 싱크대는 넓고 낮아야 한다. 온실의 구조는 선반까지는 벽돌 같은 단단한 재료로 열을 맞추어 쌓아 올리고, 선반 위로는 햇볕이 잘 들 수 있게 유리로 덮어야 한다. 유리를 고정하는 틀의 색감, 재질에 대한 고민은 좀 더 해봐야겠지만, 태풍에도 파손되지 않도록 튼튼해야 함은 당연하다. 삼각 지붕까지 유리로 연결되어 있고 통풍과 실내 온도 조절을 위해 천장부터 선반 바로 위까지 구획 별로 개폐가 자유로워야 한다. 자동 장치라면 좋겠지만 수동이라도 상관없다.

영국 정원사의 대부인 크리스토퍼 로이드(Christopher Lloyd)는 온실에서 쉽게 저지르는 실수를 경고한 바 있다. 그는 유리온실에서 한낮 동안 어마어마하게 올라가는 온도에 쉽게 대처할 수 있을 거라 착각하면 큰 오산이라고 말한다. 뜨거운 열기를 내

뜨겁던 여름이 지나 선선한 9월과 10월에도 대낮의 태양은 온실 내부 온도를 한여름 때만큼이나 급격히 상승시킨다. 여름을 포함해 그 전후로 실내 온도 조절을 위해 개폐가 용이한 환기구가 절대적으로 필요하다. 또한 그는 온실 내부에 공기와 수분기가 고여 있어서는 절대 안 된다고 강조했다. 자유롭게 순환하는 공기가 적정한 습도와 결합해야 하기 때문이다. 관수시설이 자동이면 파종했거나 꺾꽂이한 식물을 둔 선반에 일정한 양의 수분을 주기적으로 공급하기 편하겠지만 비용이 많이 들 테니 두 발로 움직이며 부지런을 떠는 편이 나을 것 같다.

이렇게 온실을 만들다 보면 정원사 한 명이 제자리에 꼼짝 않고 서서 사방으로 팔만 뻗어가며 일을 해야 할 정도로 빽빽할 수도 있겠다. 하지만 아무리 촘촘하게 채워졌더라도 절대 포기할 수 없는 자리가 하나 더 남았다. 햇빛이 아주 잘 드는 남향을 등지고 앉았을 때 포근하게 몸을 감싸는 의자. 차를 끓일 커피포트는 씨앗 보관 서랍이든 흙을 담는 선반이든 어디에 올려도 상관없다. 바깥 공기가 차가워질 즈음 유리를 통과해 들어오는 햇살로 데워진 온실에서 한바탕 삽목을 한 후에, 따뜻한 차 한 잔을 들고 의자에 앉아 멍하게 앉아 있는 나를 상상한다.

작업실 오랑쥬리에 제대로 된 온실은 아직 없지만 한 가지 실현한 것이 있다. 남향으로 난 넓은 통 창. 그 창으로 낮게 드리운 겨울 햇살이 하루 종일 작업실에 머무른다. 블라인드는 되도록 내리지 않는다. 겨울 햇살이 얼마나 소중하고 따사로운지 그 전에는 미처 알지 못했다. 몇 해 전까지 일하던 사무실에도 남쪽 창으로 이와 비슷한 햇살이 들이쳤다. 그때는 컴퓨터 모니터가 희뿌예져서 블라인드를 창문이 다 덮이도록 내려야 했다. 훈

Gardening

훈하게 돌아가는 난방기로 실내 공기는 충분히 데워졌으니 햇살 머금은 공기가 몸속까지 전달되는 느낌은 전혀 알아차릴 수 없었다. 사무실에서 2년을 지내는 동안 창으로 들이치는 햇살은 내게 늘 성가시기만 했던 셈이다. 오랑쥬리의 햇살은 참 다르다. 작업실을 데워주고, 밝혀주고, 생명에 힘을 실어준다. 햇살은 씨앗의 껍질을 밀어내는 물망초 새싹에게도, 봄을 준비하는 정원사에게도 에너지의 원천이 된다. 겨울의 밝은 햇살은 대지 속에서 움트는 생명체에게 그들이 살아 있음을 감지하게 해준다. 정말 고마운 일이다. 메마른 겨울이면 오랑쥬리는 초록이 내뿜는 숨결로 유리창에 항상 서리가 맺혀 있다. 보기만 해도 기분 좋은 초록 잎이 숲의 향기를 내뿜는다.

식물과 사람의 온기가 가득한 온실을 꿈꾸며 오랑쥬리라는 공간을 만들고 이름을 붙였다. 식물이 움트기 시작하는 곳에서 햇살을 받으며 차 한잔하는 여유가 있는 곳이 되기를 바랐다. 무엇보다 주인장뿐만 아니라 이곳을 찾는 사람들이 모두 함께 누릴 수 있으면 좋겠다고 생각했다. 베란다에서, 동네 텃밭에서 신나게 가드닝을 한 후에 편안함을 음미할 때, 우리는 비로소 정원일의 즐거움을 깨닫게 된다.

Gardening

정　원　이
있　는　삶

"왜 정원사가 되셨어요?", "젊은 나이에 이런 일을 일찍 시작한 특별한 계기가 있나요?" 이런 질문을 종종 받는다. 대개 정원을 좋아하고 가꾸는 사람이라고 하면 타샤 튜더 할머니처럼 연륜이 깊고 나이 지긋한 외모를 떠올리다 보니, 삼십대의 여려 보이는 여자가 정원사라고 하면 뭔가 특별한 이유나 사연이 있지 않을까 생각하는 듯하다. 정원을 가꾸는 삶이 몸에 배어 있다거나, 어려서부터 식물을 좋아해 자연스레 식물학자를 꿈꾸던 소녀였다거나 하는 대답을 기대했다면 나의 대답은 평범하다 못해 실망을 안겨줄지도 모르겠다.

학부생 때 전공을 결정할 당시, 입학 때부터 생각했던 의류학과를 1지망으로 정한 뒤 2지망을 놓고 고민하고 있었다. 자연과학부는 선택할 수 있는 전공의 범위가 매우 넓다. 디자인에 관심이 많았던 터라 의류학과를 제외했을 때 원예학과가 그래도 관심사에 가장 가까웠다. 물론 전적으로 추측이었다. 결국 의류학과는 여대 최고의 인기 학과였던 만큼 수많은 학생이 몰렸고, 2지망인 원예학과가 나의 전공이 되었다. 특별한 계기도 없고 자라온 환경의 영향과는 무관하게, 그저 물 흐르듯 원예학의 세계로 들어선 것이다. 그런데 전공 공부를 하다 보니 식물이란 녀석들이 알아갈수록 더 궁금해졌고, 천으로 옷을 만드는 디자인보다 식물과 사람이 함께 있는 공간에 대한 고민들이 흥미롭게 다가왔다. 하지만 학교에서 배우는 내용이 나를 정원사의 세계로 강하게 이끌지는 못했다. 감동의 전율이 머리끝에서 발끝으로 전해지면서 정원일에 미치게 된 순간은, 대학을 졸업하고 3년이 지난 후에 찾아왔다.

졸업을 앞두고 원예학의 여러 분야 가운데 정원에 애정을 쏟고 싶어졌다. 하지만 당시에는 '가든'이라고 하면 대개 교외의 한적한 음식점을 연상할 정도로 정원은 국내에서 생소한 분야였다. 정원을 제대로 공부하고 싶다는 의지 하나만으로 영국 유학길에 올랐다. 가든 디자인 과정을 마친 후에는 운 좋게도 영국에서 정원사로 1년 동안 일하게 되었다. 꿈같은 시간을 보낸 서튼플레이스 가든은 1525년에 지어진 튜더 시대의 저택과 30만 평에 달하는 자연과 정원이 어우러진 곳이다. 1900년대 영국 출신의 건축가이자 조경가 제프리 젤리코(Geoffrey Jellicoe)가 디자인하고 조성한 인공 연못과 파라다이스 정원이 지금까지 남아 있어 정원의 역사에서 회자되는 곳이다. 하지만 현재는 일반 관람객은 물론 직원의 지인조차도 사전 허락 없이는 들어가지 못하는, 출입이 철저하게 통제되는 개인 소유의 정원으로 관리되고 있다. 도심의 공원처럼 넓은 부지에 사무직 한 명, 엔지니어 세 명, 정원사 다섯 명, 경비원 세 명만이 있을 뿐이다. 혼자 일하다 보면 지나가는 사람을 한 명도 만나지 못하는 날도 많다. 크게 인공 연못, 실개천이 흐르는 숲, 여러 개의 정원을 포함한 공원으로 구성되어 있지만 나를 포함해 다섯 명의 정원사는 대부분 저택 주변의 정원에서 분주한 시간을 보낸다. 그야말로 정원을 위해 일하는, 정원을 좋아하는 사람에게는 꿈같은 곳이 아닐 수 없다. 정원사들의 손이 살짝 닿으면서 생명의 순환이 끊임없이 일어나는, 도시에서 떨어진 별세상 같은 시크릿 가든이 그 속에 숨겨져 있다.

서튼플레이스 가든의 정원사가 주로 일하는 곳은 키친 가든, 로즈 가든, 파라다이스 가든, 롱 보더로 각 공간의 특색에 따라 다양한 유지 관리 업무가 주어진다. 그 가운데서도 스위밍풀 가든은 붉은 벽돌로 담이 둘러져 있고, 중앙에는 백 년 전에 만든 사각 모양의 실외 수영장이 있으며, 산책로와 화단이 주변을 따라 테두리를 그리고 있는, 내가 가장 좋아하는 정원 중의 하나였다. 이른 봄이면 산토리나 향이 바람을 타고 공기 중을 유영하고, 여름이면 가제보(gazebo, 정원의 정자) 기둥을 타고 올라 지붕을 덮어버리는 보랏빛 등나무 꽃과 만발한 노란색 꽃이 물 위에 비쳐 그림처럼 환상적인 모습을 자아낸다.

이른 봄날이었다. 살갗에 닿는 공기가 포근하고 이따금 부는 바람이 상쾌한 초봄의 정원에서는 일할 맛이 절로 난다. 여느 때처럼 동료들과 함께 스위밍풀 가든에서 니패드(kneepad, 무릎 받침대)에 무릎을 꿇고 최대한 몸을 웅크려 잡초를 뽑고 있었다. 이즈음 자라기 시작하는 잡초는 아직 흙바닥을 초록으로 물들이기 전이라 눈에 쉽게 띄기도 하고 여려서 뿌리까지 뽑기 딱 좋다. 잡초 한 포기, 작은 풀씨 하나라도 놓치지 않으려고 눈과 손을 바삐 움직이다 보면 어느새 동료들과 나누던 대화는 사라지고 적막이 흐른다. 정원에는 각자 무아지경에 빠진 정원사들이 잡초 놀이에 열중하고 있고, 귀를 기울여야만 희미하게

Green Thumb

나마 들리는 풀 뽑는 소리만이 가득할 뿐이다.

그날도 납작 엎드려 잡초를 뽑고 있었다. 몸은 고정한 상태에서 얼굴이 바닥에 닿을 정도로 상체를 숙이고 컴퍼스로 원을 그리듯 팔을 사방으로 길게 뻗어가며 안정된 자세를 유지하는 것이 잡초 뽑기의 기본인데, 이제는 제법 내 몸에도 익숙해져 있었다. 동료들과의 대화는 이미 오래전에 사라졌고 흙투성이가 된 열 손가락만 쉼 없이 움직이고 있었다. 그러던 어느 순간 갑자기 난생 처음 듣는 날카로운 소리가 침묵을 깼다. 고개를 번쩍 들었다. 소리는 점점 선명해지며 가까워오고 있었다. 어디서 시작되어 오는 소리인지 어리둥절해 있는 사이, 한 쌍의 백조가 정수리 바로 위에서 날개를 펄럭이며 날고 있었다. 날아가는 것이 아니라 날고 있었다는 기억이 정확하다. 머리를 뒤로 젖혀 날갯짓하는 백조를 보는 순간, 그 장면이 멈춘 것만 같았기 때문이다. 새가 나는 모습을 그토록 가까이에서 본 적은 처음이었다. 바람결에 일렁이는 깃털의 작은 움직임이 느껴질 정도였다. 백조는 지저귀는 작은 새소리와는 달리 배 속 깊은 곳에서 나오는 듯한 우렁찬 울음을 뱉어내고 있었다. 정원 너머 들판의 호수에서 실개천으로 이동하는 백조 부부인 듯했다.

어느덧 나는 굽혔던 허리를 꼿꼿이 세우고, 목을 길게 빼고 날아가는 백조의 뒷모습을 따라갔다. 백조가 사라질 때까지 한동안 그대로 멈춰 하늘을 바라봤다. 나를 비롯해 주변의 모든 것이 한 치의 미동도 없이 일순간 정지된 것만 같았다. 상쾌한 바람만이 뺨을 살짝 건드리고 있었다. 한 줄기 감동이 빠르게 지나갔다. 이런 기분을 행복이라고 하는 걸까? 부드러운 봄바람이 머리카락을 흩트리고, 백조 한 쌍은 잡초 뽑기에 열중하는

Gardening

정원사는 아랑곳하지 않은 채 낮게 날아가고, 주위를 둘러보니 평온한 적막이 흐르는데, 그곳은 다름 아닌 내가 좋아하는 정원의 한구석이었다. 정원일의 행복이 몸을 타고 흐르는 듯했다. 마음이 편안해지고 고요해지고 있었다. 그 후에도 몇 번이나 한 마리, 두 마리, 때로는 서너 마리씩 날아가는 백조는 내 시선을 빼앗았다. 실개천을 산책할 때 백조들이 유유히 떠다니는 것을 볼 때면 친근한 마음에 인사를 건네기도 했다. 백조 한 쌍이 전해온 전율과 감동이 나를 '정원이 있는 삶'으로 이끈 것일까? 어떻게 보면 평범하기 그지없는 정원사의 일상 중 하루였을 텐데 그때의 기분과 바람의 느낌은 때때로 이상하리만치 생생하게 되살아난다.

힘들게 정원일을 하다가 웃음 짓게 되는 순간은 백조를 만났던 그날처럼 항상 예고 없이 찾아온다. 땀이 흐른다 싶어 수건을 찾는 순간 살랑 바람이 이마를 스치며 지날 때의 서늘한 감촉은 오래 남는다. 어느 봄날 아침, 부스스한 얼굴로 화단을 둘러보다 건강한 싹이 몽글몽글 피어 올라오는 순간을 오로지 혼자 목격했을 때, 그 감격을 무엇에 비교할 수 있을까. 이렇게 식물을 가꾸고 돌보는 일에서 예고 없이 찾아오는 크고 작은 변화를 발견하는 눈이 나날이 밝아지고 있다면, 정원일에서 빠져나올 길은 더 이상 없다. 나에게 백조가 그랬듯, 알아차리는 순간, 정원일의 즐거움은 이미 시작된 것이다.

Green Thumb

엄마의 정원

정원사로서는 아이러니한 일일까? 나는 정원이 있는 집에서 살아본 적이 없다. 그나마 흙을 만져볼 수 있었던 때는 작은 화단이 딸린 이층 주택에 살던 어린 시절이었다. 좁은 마당 끝 이층으로 올라가는 계단이 시작되는 곳에 돌로 막은 아주 작은 화단이 있었다. 그 집에서 초등학교 때부터 15년을 살았고 이후로 지금까지 아파트에서 살고 있으니 내 인생의 정원이라면 고작 그 작은 화단이 전부인 셈이다. 그래도 분꽃의 까맣고 단단한 씨앗을 손 안에 굴리며 놀았던 기억이 생생하고, 해마다 화단에 피던 주황색 나리꽃은 지금까지 유년을 기억하게 하는 꽃이 되었다. 어느 집에나 흔하게 키우던 봉숭아도 귀퉁이에서 삐죽 자라났다. 꽃이 피는 여름이면 동네 아이들을 불러다 손톱에 물을 들였다. 친구들 열 손가락을 다 물들이기에 우리 집 꽃이 모자라면 스스럼없이 옆집 마당의 꽃을 따다 쓰곤 했다. 골목마다 있는 작은 화단에 심긴 봉숭아는 동네 꼬마들을 위한 엄마들의 서비스였다.

엄마는 아무리 작은 화단이라도 그냥 비워두지 않았다. 엄마가

Gardening

가장 심혈을 기울인 것은 계단참에서 키우던 포도덩굴이었다. 아는 분이 선물로 준 포도나무 묘목을 받아들고 엄마는 한동안 적당한 자리를 놓고 고민했다. 담벼락 앞 화단은 자리도 녹록지 않을뿐더러 볕을 좋아하는 포도나무가 자라기에 알맞은 환경이 아니었다. 결국 엄마는 묘목을 큰 화분에 심어 계단참에 놓고, 줄기가 감고 올라갈 수 있도록, 계단 난간에 끈을 묶어 연결했다. 여름이면 포도나무에 작은 알맹이가 송이송이 달렸는데, 한 송이를 따서 들여다보면 슈퍼에서 파는 알이 탱글탱글한 포도보다 한참 작고 엉성했다. 못생긴 엄마의 포도는 먹음직스럽지 않았다.

기억이 가물가물하지만 거실에는 옆집 아주머니가 떼어준 게발선인장, 엽란 같은 실내 식물이 있었던 것 같다. 하지만 이 녀석들은 건강하게 들어왔다가도 몇 달 사이에 시름시름 앓고 픽 쓰러지기 일쑤였다. 엄마는 그럴 때마다 당신에게는 식물을 키우는 능력은 없다며 푸념하곤 했는데, 어린 내가 보기에도 그랬다. 오래도록 건강하게 자란 식물이 없었으니 우리 집 거실에 어떤 화초가 자랐는지 뚜렷한 기억이 없는 것도 당연하다. 내가 기억하는 한 엄마는 식물을 기르는 데 있어서는 마이너스의 손이었다.

그 집을 떠나 아파트에서 살게 되었다. 오랜 주택 생활을 접고 처음으로 아파트 생활을 하게 되어 잔뜩 들떠 있던 엄마는 인테리어며 가구에 신경을 많이 썼다. 신축 아파트라 실내공기 정화에 효과가 좋은 숯과 함께 거실과 방 곳곳에 관엽식물이 들어왔다. 이번에는 제대로 한번 키워 보겠다는 엄마의 의지가 불타올랐다. 속으로 금세 죽어 나가겠거니 예상했다. 그런데 내

Green Thumb

예상을 깨고 그때 들어온 행운목이 10여 년이 지난 지금까지 잘 자라고 있다. 반전이었다. 행운목의 건재함을 확인하고서도 나는 엄마가 식물을 잘 키우는 분은 아니라고 생각했던 것 같다. 그러던 나의 생각이 바뀐 건 오랑쥬리의 시작과 맞물린다.

지금 엄마의 정원은 180도 달라졌다. 바깥의 텃밭은 물론, 거실 한편에서 자라는 식물도 엄마의 손을 거치면 윤기가 나면서 건강해진다. 언니 집에서 시름시름 앓는 화초들은 운명을 다하기 직전에 엄마의 손으로 옮겨진다. 몇 개월 지나고 나면 잎에 다시 윤기가 돈다. 엄마는 텃밭에서 먹을 수 있는 것이라면 무엇이든지 키우셨다. 날마다 밥상에 신선한 채소가 올라왔다. 심지어 배추, 무, 쑥갓까지 심어 그해에 쓰일 김장 재료를 텃밭에서 전부 해결할 정도였다. 그렇게 엄마는 2년 동안 텃밭에 공을 들였다.

내가 엄마의 텃밭에 침을 흘리며 호시탐탐 눈독을 들인 것은 작업실을 시작하면서부터이다. 작업실을 계획할 때부터 다년생 초화류를 키우고 싶은 욕심이 있었지만 땅이 있는 곳을 구하기 어려웠다. 결국 작업실은 상가 건물 1층에 자리 잡았다. 그나마 다행히 건물 주차장에 폭 1미터, 길이 5미터 정도의 작은 화단이 있어 상가 주인에게 화단을 쓰기로 허락을 받았다. 하지만 막상 흙을 파보니 건축 골재며 영양기 없이 알알이 부스러지는 잿빛 흙으로 잔뜩 채워져 있었다. 흙을 갈아엎어 부엽토를 섞고 비교적 생명력이 강한 품종을 몇 가지 심었지만 성장은 썩 좋지 않았다. 땅에 대한 미련이 사라지지 않아 이런저런 궁리를 하는 중에 문득 엄마의 텃밭이 떠올랐다.

"딸이 하는 일에 도움이 된다면야", 엄마와 아버지는 흔쾌히 자리를 내주셨다. 텃밭의 면적은 생각보다 크지 않았다. 그래서 엄마가 텃밭 근처 주차장 한쪽에 추가로 화분을 놓고 키우자는 의견을 냈다. 말이 떨어지기 무섭게 동네 화원을 돌며 쓰지 않는 빈 화분 백여 개를 모아오셨다. 일이 점점 커지는 줄도 모르고 우선 믿을 만한 농장 두세 곳을 돌며 모종부터 사 모았다. 몇 가지 시험해보고 싶은 품종과, 몇 년 키워 정원에 심기 좋은 품종이 상추와 셀러리 대신 엄마의 텃밭을 채우기 시작했다. 그때는 딱 백 개의 화분에만 식물을 채울 생각으로 시작한 일이었다. 그런데 지금은 텃밭과 크고 작은 화분에 소관목 및 초본류 백여 품종 5백 포기 정도를 키우고 있다. 이름하여 오랑쥬리 너서리(nursery, 식물을 번식시키고 키우는 곳으로 대규모 너서리에서는 생산과 판매가 이어지기도 한다)가 탄생한 것이다.

너서리 하면 거창하게 들릴 수도 있겠다. 우선 다양한 품종과 엄청난 양의 초본류를 생산하여 판매하는 농장은 상상하지 않기를. 품종을 개량하거나 육종하는 일도, 물론 못한다. 정원에 필요한 식물을 키우는 작은 시험 및 생산 포지(圃地) 정도를 떠올리면 적당하다. 부모님이 매일 출근하는 곳을 빌려 쓰고 있기 때문에 심어놓고 나면 나보다 엄마의 일거리가 늘어난다. 엄마는 규모가 작다며 농장이라는 말조차 붙이기를 꺼리지만 여름이면 호스를 끌고 다니면서 매일같이 두세 시간 물을 줘야 하고, 때가 되면 번식도 시켜야 하니 수고는 농장일에 버금간다. 이미 2년간의 텃밭 농사로 흙의 중요함을 깨달은 부모님은 퇴비도 만들자고 하셨다. 말이 떨어지기 무섭게 움직인 건 이번에는 아버지였다. 인근 젖소 농장에서 우분을 한 트럭 받아오신 거다. 우분은 구덩이를 파고 1년에서 2년 동안 부식시킨다. 마

Gardening

른 풀이며 음식쓰레기를 모은 퇴비와 함께 흙에 섞으면 거름기 가득한 토양이 된다.

한 달에 한 번 들르는 딸내미와는 달리 엄마는 거의 매일 식물을 돌보고 체크한다. 이곳에서 기른 식물들이 다른 정원에 심기고 수업 때도 사용되려면 건강한 상태를 유지해야 한다며 흙 관리에서 물주기까지 어느 것 하나 허투루 하시는 것이 없다. 갈색으로 뜬 마른 잎을 하나도 남기지 않으려고 힘이 들 텐데도 기어코 흰 머리카락 뽑아내듯 핀셋으로 골라낸다. 덕분에 오랑쥬리 너서리에서 기른 식물은 심은 뒤 1년이 지나면 농장에서 바로 사다 심은 것과는 확연한 차이를 보인다. 정말 건강하고 튼실하게 자리를 잡고 자란다.

지난봄의 일이다. 박람회를 마치고 철거한 정원에 많은 양의 초화류가 남겨졌다. 잘 자라고 있는 풀을 한 포기라도 버리면 안 된다고 신신당부하던 엄마는 철거 당일에 손수 식물을 걷어냈다. 첫날은 동네 분들이 도와주어 수월했지만 그다음 날부터 사흘 동안 엄마는 혼자서 화분을 정리하고 떡잎을 뜯어내고 물을 줘야만 했다. 꼬박 나흘을 일하고 닷새 몸살을 앓으셨다. 예순을 넘긴 나이에 고생스럽게 일하시는 것이 죄송스러웠다. 그 순간 철없는 딸내미는 감사하다고 말해도 모자랄 판에 이제 식물은 안 키운다고 버럭 화를 내버렸다. 정말이지 너서리의 식물들을 정리할 생각이었다. 이런 일로 엄마와 티격태격한 후 대화가 소홀해진 즈음, 언니에게서 전화가 왔다. 엄마가 당신은 식물을 키우는 일이 너무 재미있다며, 딸이 하는 일이 자랑스럽고 대견하다고 하셨단다. 식물을 키우는 일로 딸에게 도움을 줄 수 있다는 것이 엄마에게는 더없이 신나고 즐거운 일이라 전혀 힘들지 않다고 하셨다고 한다.

그 뒤로 좀 더 자주 너서리를 찾는다. 아예 남편이며 언니네 부부까지 동원해서 일손을 거들기도 한다. 그럴 때 활력이 넘쳐 즐거워하는 엄마의 모습이 예쁘다. 아침에 출근해서 꽃이 피어 있는 걸 발견하면 아빠와 껄껄껄 웃으며 하루를 시작할 수 있고, 일하다가 잠깐 화단을 돌아보며 쉬는 시간이 즐거운 휴식이라신다. 가끔 놀랄 때도 있다. 너서리에서는 토양을 직접 섞어서 사용하는데 어떤 배합 비율이 좋은지, 식물을 잘 자라게 하는 토양의 특징은 무엇인지, 왜 심고 나서 관리를 그렇게 해야 하는지 엄마는 당신의 경험을 정원사 딸에게 폭포처럼 쏟아낸다. 그런데 가만히 듣고 있으면 전문적 용어와 수치가 빠졌을 뿐 원예 서적에서 이론적으로 설명하는 것과 같은 맥락일 때가 많다.

매일같이 식물을 관리하는 엄마는 관찰력 또한 몰라보게 늘었다. 전화로 "엄마 그거 있잖아, 버바스쿰 상태 지금 어때요?" 하고 물으면 "진보라색 꽃이 긴 줄기에 다닥다닥 붙어서 피고, 넓은 잎이 땅에 바짝 붙어 있는 거 말하는 거 맞지? 얘! 지금 꽃이 너무 예쁘다. 어쩜 꽃이 이리 오래가니? 쓰러질 것 같아서 꽃대를 잡아줬어." 엄마와 딸의 대화는 늘 이런 식이다. 2년 넘게 초화류를 관리하시더니 어려워하던 꽃 이름도 이젠 제법 외우신다. "이건 잎이 톱처럼 생겨서 톱풀, 향기가 은은하게 백 리까지 퍼져서 백리향, 가을에 분홍빛이 곱게 피는 호북바람꽃……." 이름뿐인가, 수레국화는 씨앗이 떨어져 자연 발아가 잘되더라, 에린지움은 뿌리가 한 줄기로 깊게 뻗어 있어 캐낼 때 조심해야 하더라, 둥근잎꿩의비름은 잎꽂이로 번식이 잘 되더라 등등,

Gardening

엄마의 경험에서 나오는 이야기는 어느 것 하나 거짓된 것이 없다. 꽃의 모양새, 피는 시기, 지는 모습을 항상 옆에서 지켜보면서 터득한 정원 공부를 따라갈 만한 것이 없는 것 같다. 어렸을 때 마이너스의 손으로 기억된 엄마는 이제 오랑쥬리 너서리를 책임지는 마이다스의 손으로 변해 있었다.

너서리 한편에 엄마만의 화단이 있다. 서리가 시작되기 전에 심은 참억새 모닝라이트, 큰잎꿩의비름, 비비추 허니 벨스, 호북바람꽃이 건강하게 자라고 있다. 풍성한 억새가 매력이라고 아무리 설명해도 풀어헤친 머리칼처럼 산만하다며 기어이 끈으로 동여매 놓으신 걸 보면 우리 모녀는 선호하는 정원 스타일에서 확연한 의견차를 보인다. 그래도 엄마의 작은 화단은 갈 때마다 새로움이 있고, 세월의 깊이가 있다. 그래서 너서리에 가서 가장 먼저 둘러보는 곳이 그곳이다. 딸의 마음은 엄마의 작은 화단이 지금 모습 그대로 오래도록 유지되었으면 하는 것이다. 엄마는 때때로 그곳에서 오래 묵어 자라던 식물을 기꺼이 캐내어주신다. 자식을 키우듯 온 정성을 쏟아 키운 식물로 주고 또 주어도 아깝지 않은 사랑을 딸에게 전하는 것이다. 한없이 감사하고 또 감사할 따름이다.

Green Thumb

노 동 이
주 는
우 아 한 기 쁨

몇 해 전 직업교육기관 시티앤드길드(City & Guilds)에서 직업인 2,200명을 대상으로 '당신의 직업에 얼마나 만족스러워합니까?'라는 주제로 설문 조사를 했다. 그 결과가 매우 흥미로웠다. 상위권에는 헤어드레서, 배관공, 마케터 등이 올랐는데, 그들을 제치고 가드너, 플로리스트가 1위를 차지했다. 가드너가 만족도 높은 직업이라는 사실에 신기하고 기쁘기도 했는데 그렇게 느끼는 이유들이 궁금했다. 이유인즉슨, '일에서 행복을 느끼기 때문'이라는 대답이 우세했다. 자신들의 일이 앞으로 희망적이고 긍정적일 것이라고 믿었고, 작업 환경이나 함께 일하는 동료에 대한 만족도도 높게 나타났다. 행복을 느끼는 이유로는 '자신의 일이 가치 있게 이용되고 있어서'가 가장 높고, 다음으로 '본인이 가진 기술을 매일 사용할 수 있어서', '인정받는 느낌' 순이었다.

가드너로서 흐뭇한 조사 결과이다. 하지만 안타깝게도 우리나라가 아니라 영국의 이야기다. 정원 문화가 생활 속에 깊이 자리한 나라인 만큼, 자연을 벗 삼아 식물과 함께 일하는 가드너

와 플로리스트가 행복감을 느끼고 직업에 대한 자부심이 큰 것이 어쩌면 당연한지도 모른다. 하지만 여기서 그들의 월급이 만족도에 영향을 끼치지 않는 것이 놀라웠다. 실제로 평범한 가드너나 플로리스트의 소득은 그리 높지 않다. 그렇다고 일에서 느끼는 보람이 무색할 만큼 불만스러운 수준은 아니지만 가드너가 월급만으로 좋은 차를 몰고 큰 집에서 살기는 쉽지 않다. 그저 보통의 샐러리맨들이 그렇듯 신나게 보낼 여름휴가 계획으로 1년을 버티고, 크리스마스가 되면 온 가족이 모여 파티를 열고, 평소에는 가족과 취미생활을 즐기며 생활하는 삶. 어찌 보면 보통 사람들보다 더 평범하고 소박한 사람들, 그리고 그들보다 더 평범하고 조용한 일. 하지만 모든 정원사들은 독일 정원의 아버지로 불리는 칼 푀르스터(Karl Fœrster)가 남긴 다음 말에 가슴이 벅차오를 것이다.

"다음 생에 다시 태어난다면 나는 또 정원사가 될 것이다. 그다음 생에도 그럴 것이다. 한 번으로 족하기에 정원사란 직업은 너무 크기 때문이다."

영국에서 가드너로 함께 일했던 동료 둘은 이십대 영국인이었는데 두 사람 모두 케임브리지 대학교를 졸업한 엘리트였다. 나와 동갑내기인 크리스는 법학과, 올리는 철학과를 졸업한 후 가드너가 되기 위해 수련 중이었다. 하루는 크리스에게 좋은 학교를 힘들여 졸업했는데 전공을 살리지 않고 왜 가드너가 되려고 하느냐고 물었다. 그는 런던에서 변호사로 일하는 친구들은 매달 통장으로 많은 월급이 들어오겠지만, 그들처럼 자신의 삶을 스트레스와 맞바꾸고 싶지는 않다고 했다. 그는 어렸을 때부터 정원에 나가 놀기를 좋아했고, 대학에서 법학을 공부하면서도

Gardening

항상 가드너가 되길 꿈꿨다고 했다. 정원이 좋고 그곳에 있을 때 가장 자신답다고 했다. 그저 좋아하기 때문이라는 간단한 대답이 돌아와 무심코 던졌던 질문에 낯이 뜨거웠다.

크리스는 당직이 없는 주말에는 부모님 집이 있는 런던에 갔다. 눈여겨봐두었던 전시회도 가고, 연극도 보고, 친구들도 만나고. 아무리 정원이 좋다지만 적막한 자연에서 일주일 내내 풀을 뜯다 보면 도시의 문화생활이 그리워지는 건 나도 마찬가지였다. 그는 식사를 마친 저녁이면 늘 호른을 연주했다. 밴드에 속한 것도 아닌데 마치 숙제처럼 꾸준히 호른을 불었다. 연주 실력은 글쎄, 잘 불다가 멈칫하는 부분도 꽤 있고 운지법이 꼬일 때도 있었다. 그렇다고 문틈으로 새어 나와 2층 내 방까지 들려오는 연주 소리가 방해가 될 만큼 듣기 싫은 수준은 아니었다. 호른과 함께 그를 따라다닌 건 1990년식 빨간 피아트 소형차였다. 몇 차례 쿨렁거린 후에야 시동이 걸리는 그의 차는 짧은 거리를 오갈 때는 쓸 만했다. 하지만 그가 주말 동안 지방 여행을 하는 중에 우리가 우려하던 일이 터지고야 말았다. 크리스는 피아트 없이 홀로 돌아왔다. 여행 중에 길가에서 고장이 나 그 길로 폐차를 시키고 왔단다. 크리스는 며칠 동안 내 차, 올리 차를 함께 타고 다니다가 어느 일요일 저녁 예전 피아트보다 전혀 나을 것 없어 보이는 차를 동생에게서 헐값에 샀다며 역시 예전 피아트와 비슷한 엔진 소리를 내며 숙소로 돌아왔다.

대학교 때 방학 동안 화훼 전시관에서 아르바이트를 한 적이 있다. 추운 겨울에 바닥을 물청소하고 식물에 물주는 일을 하고 있으면 주변을 지나는 사장님들이 어린 학생이 힘든 일을 한다며 "고생한다", "애쓴다" 한마디씩 하신다. 한번은 정원 조성 프로젝트를 맡아 쓰러져가는 집을 개조해 현장 사무실로 쓰며 일하고 있었는데, 주말에 본사 직원이 와서 보고는 어쩌냐며 안됐다는 말을 남기고 갔다. 정원일이라는 것이 무릎이며 손이며 온몸에 흙투성이가 되는 것은 물론이고, 여름에는 얼굴이 땀으로 범벅이 되고, 겨울이면 추위 속에 떨며 일해야 하는 궂은일이다 보니 주위에서 안쓰럽게 바라보기도 한다. 스스로 좋아서 하는 일이고 젊은 체력에 힘든 줄도 잘 모르지만 주변에서 무심히 던지는 말과 시선에 문득 내 일을 돌아보곤 한다.

나 스스로 이 일에 자부심을 느끼게 된 건 영국에서 가드너 생활을 하면서부터, 더 정확히는 정직하게 몸으로 일하는 많은 사람들을 만난 후부터였다. 여름에는 반바지, 티셔츠, 작업화. 가을에서 봄이 되기 전까지는 그 위에 덧입는 오버롤. 영락없는 작업자 차림이 나의 일상 복장이다. 금요일 저녁이면 일하던 복장 그대로 마을에 있는 대형 슈퍼에 장을 보러 간다. 그곳에는 작업복을 입은 사람들, 심지어 바지에 페인트를 묻힌 채 오는 사람들도 많다. 나도 그런 작업자 중 한 명일 뿐이다. 영국이나 독일에서 굴뚝청소부나 배관공은 오랜 경력과 기술을 겸비한 직업으로 인지도가 높고 수입도 좋다. 겉모습을 떠나 그 사람이 시간과 노력으로 일군 기술과 전문성을 높이 평가하는 것이다. 허름한 복장을 하고 있어도 정원을 돌보는 일에 자부심을 느낄 수 있었던 그때의 경험은 내 직업뿐만 아니라 타인의 직업을 대하는 태도에 영향을 주었다.

흙 때 묻은 옷차림을 개의치 않고, 몸을 움직이며 습득한 기술을 동경하게 된 건 근본적으로는 아버지의 영향이 아닐까 싶다. 기억컨대 아버지는 넥타이, 구두, 정장보다 짙은 청색의 작업복을 많이 입고 계셨다. 작은 키에 작업복 차림이었지만 언제 어디서나 기술자로서의 당당함과 자신감이 자연스레 배어 나왔다. 그래도 어린 나이에 대기업에 다니는 친구 아버지, 정장을 차려입은 옆집 아저씨가 더 멋있는 사람인 줄로 알았다. 성인이 되고 난 후에도 한참이 지나서야 아버지 직업의 가치를 진정으로 볼 수 있는 눈이 생겼다. 정원일을 하면서부터다. 아버지의 손은 연배도 비슷한 헤드 가드너 마틴의 손과 꼭 닮아 있었다. 거칠고, 투박하고, 기름기와 흙 때로 얼룩진 30여 년의 노력이 고스란히 담겨 있어 그 손을 볼 때면 안쓰러우면서도 자랑스럽다. 시간과 노력으로 쌓아온 장인의 기술만큼 값진 게 없음을 깨닫는다. 오랜 시간 꾸준히 갈고닦은 실력으로 아버지는 가족을 책임지고, 사회의 구성원으로서 제몫을 해내고, 당신 나름의 성공을 일궈냈다. 이만큼 우아한 일이 또 있을까? 가드너가 하루아침에 이뤄지지 않는다는 것을 깨닫는 순간, 오랜 세월 뼈를 깎듯 쇠를 깎는 고생을 감수했을 아버지의 삶이 존경으로 다가왔다. 아버지가 몸소 실천하며 자식들에게 가르치려 했던 삶의 방식과 가치를 하나씩 곱씹으며 되새기고 있는 걸 보면 나는 이제야 노동의 진정한 의미에 눈을 뜨는가 보다.

언제부터인가 타인의 시선에서 자유로운 나를 느낀다. 남들이 선뜻 하기 꺼리는 일 앞에서 주저하지 않는 나의 모습을 발견하면 스스로 특별해지는 걸 느낀다. 무엇보다 안쓰러워하고 애처로워하는 시선에도 끄떡없을 만큼, 꾸준한 몸놀림으로 완성되는 정원에서의 우아한 기쁨을 나는 이미 알고 있다.

정원사의 작업실 1

식물을 위한
보금자리 만들기

식물이 살기 위해서는 뿌리를 내릴 흙, 그리고 흙이 담길 공간이 필요하다. 화단은 흙으로 채워진 초록 생명의 터전인 셈이다. 화단을 만들 때 가장 중요하게 고려할 사항은 높이인데, 높이란 곧 흙의 깊이다. 화단에 심을 식물이 어떤 종류이고 크기가 얼마나 되는지에 따라 흙의 깊이가 결정된다. 소나무나 배롱나무 같은 교목은 최소 60센티미터에서 1.5미터, 잔디나 초본식물은 최소 20센티미터의 깊이는 되어야 잘 자랄 수 있다.

만약 옥상이나 테라스처럼 지반이 흙으로 다져진 땅이 아닌 곳에 정원을 만들거나 정원 안에서도 식물이 모여 있도록 구획을 지으려 한다면, 단단한 재료를 사용하여 울타리를 만들 수 있다. 또는 간편하게 다양한 디자인의 화분을 활용할 수도 있다. 맨땅이 아닌 곳에 화단을 만들 때는 물이 잘 빠질 수 있도록 배수층을 확보해야 하는데, 이때에는 배수판과 부직포라는 재료를 사용한다. 바닥에 배수판을 요철 모양이 아래를 향하도록 깐 다음 흙은 잡아두고 물만 빠져나갈 수 있도록 부직포를 덮어주면, 바닥에 물이 흐르고 고이는 길이 생겨서 배수가 용이해진다. 흙의 하중이 염려된다면 일반 흙 중량의 10분의 1 정도인 펄라이트(perlite)라는 인공토를 혼합해 사용한다.

식물이 자라는 데 가장 중요한 조건은 건강한 흙이다. 하지만 작은 입자로 이루어진 흙의 좋고 나쁨을 눈으로 파악하기란 결코 쉽지 않다. 우선 매캐한 냄새나 분뇨 냄새가 심한 흙은 부숙이 덜 된 경우가 대부분이므로 피한다. 또 흙을 한 주먹 움켜쥐었을 때 물기가 뚝뚝 떨어지면 배수가 불량한 것이다. 흙 한 주먹을 쥐었다 펴서 흙 알갱이들이 바로 흩어지지 않고 뭉쳐 있어야 응집력이 좋은 건강한 흙이다. 흙의 상태가 안 좋을 때는 충분히 부식된 거름이나 풀, 낙엽 등이 썩어 만들어진 부엽토를 섞어준다. 정원에서 나오는 부산물이나 음식 찌꺼기, 커피 가루 등을 한데 모아서 충분히 삭혀 거름으로 사용해보는 것도 좋다.

° 모종이 작은 화분에 담겨 내 손에 들어왔다면 하루라도 빨리 건강한 흙이 채워진 넓은 집으로 옮겨줘야 튼튼하게 오래 키울 수 있다. 새 집으로 이사하기 위해서 우선 헌 집에 둥지를 텄던 잡초와 마른 가지를 제거해준다. 무엇보다 중요한 건, 새 집에서 뿌리가 새 흙을 만나 빠르게 적응하도록 도와주는 일이다. 우선 기존의 뿌리볼(rootball, 뿌리가 흙과 결합해서 덩어리를 이루고 있는 형태)과 새 흙 사이에 빈 공간이 없도록 흙을 촘촘히 채워준다. 뿌리가 고르게 자라서 화분 모양으로 뿌리볼이 형성되었다면, 그 모양을 유지한 상태로 심는 것이 좋다. 뿌리에서 흙이 털려 나간 경우, 굵은 뿌리를 손상시키지 않도록 주의하면서 뿌리가 눌리거나 한쪽으로 쏠리지 않고 본래의 모양을 유지할 수 있도록 흙을 사이사이 채워준다. 옮겨 심은 직후에는 물주기에 특별히 신경 써야 하는데, 뿌리볼과 새 흙이 잘 밀착되도록 충분한 양의 물을 천천히 고르게 준다.

° 정원에 화단을 만들기로 결정했다면 흙에 최대한 신경을 써야 한다. 흙의 물빠짐과 영양분을 면밀히 파악하고, 필요한 경우 부엽토, 마사토(화강암이 풍화되어 생긴 흙. 배양토와 섞어 쓰면 배수와 통기가 좋아진다), 피트모스(peat moss, 습지에서 부식해 퇴적된 흙으로 산성을 띤다) 등을 혼합해서 사용한다.

° 정원에 어떤 식물을 심어야 할까? 생각처럼 쉽지 않다. 식물에 대한 다양한 지식은 물론, 각 식물의 생장 과정에 따른 변화와 생육 특징을 두루 파악하고 있어야 어떤 식물을 어떻게 배치할지 계획할 수 있다. 식재를 하기 전에 실제 심을 식물을 눈앞에 두고 스케치를 해보자. 스케치한 대로 식물을 심은 후 계획대로 잘 되었는지, 변경이 되었다면 왜 그런지 생각해보자. 이런 과정을 거치면서 정원에 대한 이해가 높아지고, 비로소 내가 생각하는 정원, 나만의 정원을 만들 수 있게 된다.

꽃보다 잎사귀

이십대의 젊음을 두고 봄꽃처럼 찬란하고 아름다운 시기라고들 한다. 그런 만큼 우리는 늘 꽃이 피기를 기다린다. 그러나 꽃이 활짝 피는 시기는 식물의 일생에서 잠깐일 뿐인데, 오로지 그 화려한 시기에만 주목하면 많은 것을 놓치게 된다. 파릇한 새싹은 꾸미지 않아도 에너지와 생기가 넘치는 십대와 같고, 꽃이 진 후 씨가 맺히면 세월의 흔적으로 중후한 중년의 멋이 풍긴다. 꽃뿐만 아니라 잎과 줄기가 가진 매력, 삶의 변화 과정에 눈을 돌리면 때마다의 아름다움을 발견하게 된다.

작업실 앞에 여러 가지 초화류와 그라스류를 혼식한 테스트 화단을 만들었다. 봄에 활개를 치던 꽃들도 가을을 준비하는 꽃망울도 여름 뙤약볕을 견디고 장마를 버텨내기는 쉽지 않은 모양이다. 꽃 없이 온통 초록으로만 채워진 화단이 밋밋한가 싶다가도 이내 질감과 색으로 시선을 사로잡는 주인공을 발견한다. 바로 참억새 딕시랜드, 참억새 아다지오(*Miscanthus sinensis* 'Dixieland', 'Adagio')이다. 시원하게 쭉쭉 뻗은 잎새와 밝은 무늬는 멀리서도 눈에 띈다. 그 앞으로 심은 꿩의비름 '프로스티 모온'(*Sedum erythrostictum* 'Frosty Morn'), 큰꿩의비름 '스타더스트'(*Sedum spectabile* 'Stardust')의 탱글탱글한 잎이 화단의 균형을 잡고 있다. 가을에 꽃이 피는 이 품종은 여운이 길게 남는다. 꽃이 지고 나면 겨울을 대비하느라 잎에서 초록기를 쏙 뺀 채 마르고, 가을에 씨가 맺혀 달린 채로 겨울을 보낸다. 이른 봄이 되면 옹기종기 비집고 나오는 새싹이 귀엽기만 하다. 가드너는 이 시기에 지난해의 꽃대와 줄기를 잘라주는 세대교체 의식만 치러주면 된다.

» 골든레몬타임

○ 참억새 종류는 억새보다 키가 작고 잎이 풍성하게 자란다. 정원에서 쓰기 좋은 품종은 모닝 라이트(*Miscanthus sinensis* 'Morning Light'), 제브리누스(*Miscanthus sinensis* 'Zebrinus'), 그라킬리무스(*Miscanthus sinensis* 'Gracillimus'), 리틀키튼(*Miscanthus sinensis* 'Little Kitten') 등으로 여름에서 가을로 넘어가는 때부터 정원에서 포인트가 되어 준다. 다만 이들은 초여름이 되어서야 빠르게 성장하기 때문에 잎을 보기 위해서는 긴 봄을 기다려야 한다. 풍지초(*Hakonechloa macra* Makino), 흰줄갈풀(*Phalaris arundinacea* var. *picta* L.), 아쿠티플로라새풀 '오버댐'(*Calamagrostis x acutiflora* 'Overdam'), 무늬방울개나래새(*Arrhenatherum elatius* var. *bulbosum* 'Variegatum') 등도 잎의 무늬가 아름다운 그라스 종류이다. 파니쿰, 꽃그령, 수크령은 이삭의 색감이 다양해서 군식을 이뤘을 때 부드러운 질감과 옅은 색감으로 가을 정원을 운치 있게 수놓는다.

○ 다양한 색감과 무늬를 가진 잎으로 화단을 더욱 풍성하게 표현해보자. 휴케라의 짙은 자주색 잎은 깊이감과 무게감이 있어 화단의 표면을 안정되게 채운다. 자주잎 병꽃나무(*Weigela florida* 'Alexandra'), 디기탈리스펜스테몬 '허스커 레드'(*Penstemon digitalis* 'Husker Red'), 자주잎좁쌀풀(*Lysimachia ciliata* 'Firecracker'), 자주꿩의비름

(*Hylotelephium telephium* (L.) H. Ohba) 등도 자주색 잎이 매력적인 종류이다. 잎에 다른 색의 줄무늬가 어우러져 있으면 독특한 느낌을 만들어낸다. 잎마다 무늬가 비슷해 보여도 모두 다른 얼굴을 하고 있어 볼수록 신비롭다. 자연스러운 규칙이란 이런 것이 아닐까. 비비추 '앤'(*Hosta* 'Anne'), 비비추 '파이어앤아이스'(*Hosta* 'Fire And Ice'), 비비추 '준'(*Hosta* 'June') 등 무늬와 색감이 다양하게 조화를 이루는 잎을 가진 호스타 속(Hosta)은 잎이 모여 땅을 덮으며 자라기 때문에 화단의 경계나 테두리에 심기 적당하다.

○ 식물을 한데 심어 놓고 보면 같은 초록색은 하나도 없다는 사실을 발견한다. 초록색이라는 테두리 안에 연두색, 노란 연두색, 형광 연두색, 짙은 초록, 적초록, 밝은 초록, 회색 빛을 띤 초록 등 미묘하지만 다른 감을 가진 초록색들이 모여 있다. 잎의 질감은 색의 톤을 결정하는 데 영향을 미친다. 다양한 텍스처로 오묘한 빛을 띠는 잎은 꽃이 아니어도 화단의 주인공이 될 수 있다. 램스이어(Lamb's Ear)로 불리는 비잔티나석잠풀(*Stachys byzantina* K. Koch)의 잎은 독특하게 회색 빛을 가지고 있는데 표면이 보송보송 부드럽다. 동글동글한 형태로 자라는 그라스 종류인 글라우카 김의털(*Festuca glauca* Vill.) 또한 은빛 녹색으로 밝고 신비로운 화단을 장식하기 좋다.

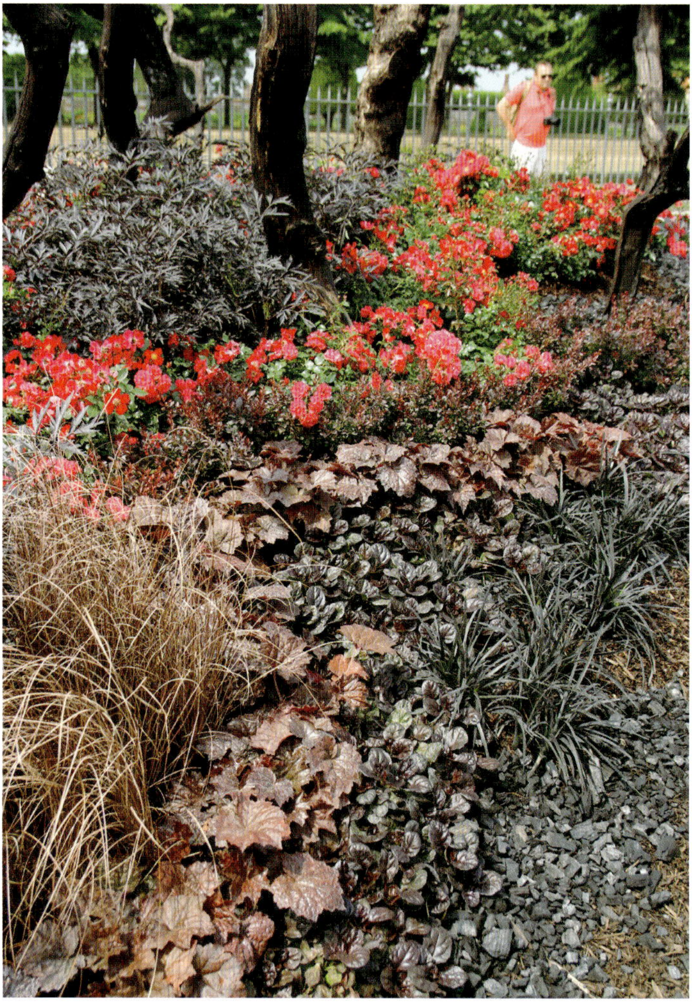

» 흑룡*Ophiopogon planiscapus* 'Nigrescens', 아주가의 일종인, 짙은 보라색 잎을 가진 '블랙 스캘럽Black Scallop', 갈사초, 붉은빛 갈색의 휴케라가 어우러진 화단. 초록기 없이 검고 붉은 잎은 깊은 독특함을 자아낸다.

» 1 봄비키페룸버바스쿰*Verbascum bombyciferum* Boiss. 2 무늬둥글레 3 램스이어 4 램스이어

동물적 감각의 움직임,
덩굴식물

식물의 줄기는 보통 중력을 거슬러 꼿꼿이 자란다. 그러나 덩굴식물은 담이나 벽에 달라붙어 자라거나 울타리나 기둥을 감으며 자라는 특성이 있다. 나팔꽃 줄기는 감을 수 있는 무언가를 찾을 때까지 계속해서 빙빙 돌며 자라다가 물체와 닿는 순간 그 물체를 휘휘 감고 올라가며 자란다. 동물적 감각과도 같은 줄기의 이런 움직임은 덩굴식물의 '광촉성' 때문이다. 호르몬이 물체에 닿은 부분과 반대편으로 이동하기 때문에 줄기가 안쪽으로 감고 올라갈 수 있는 것이다.

꽃이 시계 모양을 닮은 시계초는 스프링처럼 생긴 덩굴손이 물체를 감아서 그 힘으로 잎과 줄기, 꽃을 지탱한다. 덩굴손은 닿자마자 20~30초 안에 물체를 바로 감기 시작하는데, 물체에 감기지 않은 덩굴손은 곧 퇴화한다. 담쟁이 같은 식물은 줄기에 빨판이라는 흡착근이 발달해 있다. 담이나 벽을 타고 기어오르듯 벽면 전체를 덮을 수 있는 이유가 바로 빨판의 흡착력 때문이다.

좁은 장소에 심은 덩굴식물은 주위의 구조물과 어우러져 높이감 있는 조형물로 재탄생될 수 있다. 줄기가 감고 올라갈 수 있는 구조물인 트렐리스, 퍼골라에 덩굴식물 줄기를 감아 올리면 형태나 크기에 따라 다양한 모습을 연출할 수 있기 때문에 정원을 둘러싼 수직 면을 장식하는 데 자주 사용된다.

» 클레마티스가 철사 망을 타고 올라가 벽면을 덮고 있다.

How-Tos

° 로맨틱한 정원을 그릴 때 빼놓을 수 없는 것이 장미덩굴이다. 아치형 터널 아래에서 장미꽃 향기를 맡으며 보내는 시간은 달콤하기만 하다. 하지만 장미 줄기는 날카로운 가시로 무장하고 있다. 때문에 트렐리스에 장미 줄기를 감아 고정하는 일은 생각처럼 만만하지 않다. 두꺼운 가죽이나 섀미 재질의 장미 전용 장갑이 따로 필요한 이유이다.

° 덩굴식물은 감고 올라갈 수 있는 지주대를 세워주거나 와이어를 설치해 줄기가 스스로 감을 수 있게 해줘야 한다. 지주대에 덩굴 줄기를 감을 때에는 식물성 재료로 만든 주트 끈을 사용한다. 먼저 줄기에 한 번 감고 교차시킨 후 지주대에 감아 '8'자를 만들고 매듭은 되도록 지주대에 묶이도록 해야 줄기에 상처를 내지 않고 안정적으로 고정할 수 있다. 엉켜 있는 줄기를 풀어 서로 꼬이거나 엇갈리지 않도록 해서 줄기마다 제 갈 길을 가도록 잡아주는 것이 중요하다.

° 정원에 식재 면적이 여의치 않아 수직 면을 활용해야 할 경우에는 트렐리스와 덩굴식물을 적극적으로 이용해보자. 5월에 꽃이 피는 클레마티스와 으름덩굴, 여름에 달콤한 향기를 풍기는 인동덩굴로 밋밋한 벽면을 색칠하면 또 다른 '서 있는 정원'이 세워진다.

» 담쟁이덩굴로 덮인 벽면이 시원해 보인다.

» 1 클레마티스 2 등나무 3 머루

» 1 시계초
  2 독일아이비 *Senecio mikanoides*
  3 인동 '아우레오레티쿨라타' *Lonicera japonica* 'Aureoreticulata'

어서 만나고 싶은 마음,
겨울을 이겨낸 봄꽃

겨우내 얼어 있던 메마른 땅을 뚫고 봄의 새싹들이 올라오는 것을 보면 그 강인한 생명력에 마음이 경건해진다. 가득한 푸르름 사이에서 피어나는 여름꽃보다 마른 땅 곳곳에서 올라오는 봄꽃에 더 애착이 가는 것은 이 때문일지 모른다. 이른 봄기운의 매력을 품고 있는 이 시기의 초록들은 우리에게 얼른 겨울에서 깨어나 싱그러운 봄 안으로 들어오라고 손짓하는 듯하다.

봄, 하면 떠오르는 꽃은 뭐가 있을까? 내게 봄의 요정은 단연 구근 꽃들이다. 올봄, 지난가을에 심은 수선화의 초록 잎이 먼저 삐죽 솟았다. '히휴, 다행이다. 엄동설한에 죽지 않고 살아줬구나!' 하고 안도의 한숨을 쉰다면 구근의 속사정을 몰라서다. 구근은 저온에서 7~10주 정도의 기간을 견뎌야 봄에 꽃을 피울 수 있기 때문이다. 구근에게 겨울 추위는 생존 조건인 셈이다.

이듬해 봄 정원을 상상하며 설렘 가득 안고 구근을 미리 골라두고는 겨우내 봄을 기다린다. 튤립은 처음 심고 나서 이후 두세 해는 꽃을 보기 어렵다. 가을마다 새로 심거나 장마 전에 구근을 캐내어 말린 후 새로 심어야 하는 번거로움이 있다. 반면 수선화, 무스카리, 크로커스는 튤립과 같은 시기에 심으면 해마다 때맞춰 피어나는 효자다. 산수유, 생강나무, 매화, 벚나무 꽃이 만발하고 목련 꽃이 화려하게 꽃봉오리를 피울 때, 봄의 요정 구근까지 모락모락 피어오르면 봄은 절정을 맞는다.

4월 중순부터는 매발톱, 금낭화, 은방울꽃이 파릇하게 올라오는 초록 잎들과 어우러져 봄의 정원을 싱그럽게 수놓는다. 땅에 붙어 나오는 앵초, 복수초, 현호색, 돌단풍, 제비꽃 등도 봄을 대표하는 꽃들이다. 땅속과 땅 위가 분주하게 움직이는 이때, 우리 마음도 덩달아 급해진다. 하지만 봄의 진정한 기쁨은 지난가을 구근을 심어 준비하고 정원 손질을 마친 사람에게 돌아간다. 모진 겨울을 이겨낸 식물이 꽃으로 봄의 축포를 쏘아 올리는 것처럼 말이다.

° 봄 정원의 변화는 드라마틱하다. 일단 빈 땅이 새싹들로 채워지기 시작하면, 정원은 초록으로 가득 덮이기까지 오래 꾸물거리지 않는다. 밝은 연둣빛 잎사귀와 둥글게 말린 고사리 새순은 그 잠깐 동안에 들을 수 있는 봄의 귀여운 속삭임이다. 담벼락 사이에 기대어 피는 앵초와 정원 한 귀퉁이에서 하얀 꽃을 올려 보내는 스노드롭을 맘껏 즐기려면 이른 봄부터 바삐 움직여야 한다.

° 겨울을 맞서 이겨낸 구근의 싹은 봄에 날개를 달아준다. 구근식물이 꽃을 피워 올리면 이제 봄의 정원은 클라이맥스로 치닫는다. 튤립, 무스카리, 수선화, 프리틸라리아, 히야신스. 그 화려한 색감과 단단한 형태에 누구라도 빠져들지 않을 수 없다.

° 4월의 공기를 물들이는 싱그럽고 달콤한 꽃 향의 주인공은 라일락이다. 수북하게 달린 작은 꽃들이 봄바람에 살랑이며 봄의 향기를 전한다.

° 봄꽃으로 미니 정원을 만들어보자. 구근식물들을 철제 화기에 소담하게 심어 봄의 향기를 전할 수 있다. 앵초, 매발톱꽃, 플록스, 너도부추, 개양귀비도 미니 정원을 풍성하게 만들어준다.

° 꽃잎 뒤의 꽃뿔이 매의 발톱처럼 생긴 매발톱은 꽃이 피는 자태가 꼿꼿하고 우아하다. 겹겹이 싸인 꽃잎이 고운 한복 치마를 떠올리게도 하고, 꽃뿔은 왕관처럼 보이기도 한다. 4월부터 피어 오르는 새잎도 꽃처럼 동그란 모양이다. 5월에서 6월에 꽃이 아름답게 핀다.

» 1 고사리순 2 프리틸라리아 3 라일락
4 스텔라타매발톱꽃 '노라발로' *Aquilegia vulgaris* var. *stellata* 'Nora Barlow'

» 1 보스톤고사리 *Nephrolepis exaltata* 'Bostoniensis, 보라색 꽃은 프리뮬라 말라코이데스 *Primula malacoides* Franch.
» 2 윗줄 왼쪽부터 튤립, 수선화, 히아신스, 크로커스, 무스카리

꽃들의 런웨이,
여름꽃

녹음이 짙어지는 6월이면 정원은 절정으로 치닫는다. 꽃 중의 꽃 장미를 원 없이 볼 수 있는 시기이자, 다년생 초화류들이 얼기설기 한 무리로 얽혀서 꽃을 피우는 시기가 바로 이때이다. 6월에는 이파리마저도 다른 색은 조금도 섞이지 않은 듯 짙고 선명한 초록색을 띤다. 다가올 지루한 장마와 뜨거운 여름 볕을 예견하기라도 한 듯 정원의 식물들은 앞다투어 꽃을 피우며 씨 맺을 몸부림을 한다.

하지만 그도 잠시다. 습한 공기가 땅 위를 덮는 장마가 오래도록 이어지면 꼿꼿하던 줄기는 언제 그랬냐는 듯 쓰러지거나 형체 없이 사라져버린다. 그래서 초여름의 정원에 부지런히 눈도장을 찍어두어야 한다. 앞으로는 비바람에도 끄떡없는 강건한 식물을 고르겠노라 다짐하면서 말이다.

긴 장마가 몰아친 후에는 상처 입고 물러진 잎들을 제거하고 꽃잎이 떨어진 꽃 머리를 잘라주어야 남은 여름과 가을의 정원이 되살아난다. 여름 정원에서는 손길도 눈길만큼이나 바쁘다.

» 1 산수국 2 장미 아비아테 블레리오 *Rosa 'Aviateur Blerioteriot'*

° 맑고 시원한 흰색의 여름꽃은 단번에 마음을 사로잡는다. 시싱허스트 캐슬 가든, 히드코트 매너 가든의 6월 화이트 정원을 영국인들이 정원의 백미로 꼽는 이유이다. 흰색과 회색, 연보라가 언뜻 비치는 꽃들이 진한 초록의 잎들과 어우러져 화사한 파티가 벌어지는 곳이다.

° 시싱허스트 캐슬 가든 입구에는 '헤드가드너의 노트'라는 제목으로 빼곡히 써내려 간 안내판이 친절하게 사람들을 맞는다. 장미 '아이스버그'(*Rosa* 'Iceberg')를 필두로 화이트 정원에 핀 꽃들이 한 송이씩 실린더에 꽂혀 있어 정원 안으로 들어서기 전에 이미 우아한 화이트 정원에 매료되고 만다.

° 텍스처와 색감이 강한 에키네시아 '루빈스턴'(*Echinacea purpurea* 'Rubinstern'), 서양톱풀(*Achillea millefolium* L.), 펜스테몬, 마쿨라툼등골 아트로푸르푸레움(*Eupatorium Maculatum Atropurpureum* Group), 네모로사살비아 '로젠바인'(*Salvia nemorosa* 'Rosenwein') 등은 여름에 피기 시작한 꽃이 가을까지 이어지는 장수 초본식물이다. 이들은 그라스나 다른 초본류와 혼식해도 잘 어울리기 때문에 여름부터 정원에서 주인공 또는 조연 역할을 톡톡히 한다. 가을 이후에 씨앗이 검게 달려 겨울에도 아름다운 모습을 보여준다.

° 여름꽃을 화분에 심어 미니 정원을 가꿔보자. 안젤로니아는 여름부터 오랫동안 꽃을 감상할 수 있지만, 우리나라 중부 지방의 매서운 겨울을 나기는 어렵기 때문에 화분에 심어 실내에서 키우거나 정원에서 일년초처럼 사용된다. 모기를 쫓는 식물로 알려진 구문초도 여름 실내에 두면 좋다.

» 1 윗줄 왼쪽부터 시계 방향으로 델피늄, 눈개승마, 레스플라워, 장미 아이스버그, 기간테움에린지움, 트리폴리아타길레니아 *Gillenia trifoliata* (L.) Moench
2 에키네시아 '마그누스 슈페리올' *Echinacea purpurea* 'Magnus superior'
3 네모로사살비아 '로젠바인'
4 마쿨라툼등골 아트로푸르푸레움

» 1 숙근양귀비
2 펜스테몬 *Penstemon digitalis* 'Husker Red'

» 시싱허스트 화이트 가든

코끝, 혀끝으로
전해지는 허브의 행복

숙면이 필요하면 잠들기 전 라벤더 향초를 침대 옆에 켜둔다. 목이 칼칼하거나 잠기면 페퍼민트 차를 마시고, 돼지고기 요리를 할 때엔 로즈마리 잎과 함께 재워둔다. 코끝과 혀끝의 감각을 일깨우는 라벤더, 민트, 로즈마리는 허브라고 부르는 식물들이다. 요리를 보다 생동감 있게 만들고 후각에 영감을 불어넣는 허브는 녹색 식물을 뜻하는 라틴어 'herba'가 어원으로, 독특한 향취와 풍미를 내는 식물들이다.

중세 유럽의 수도사들은 만성 질병이나 상처를 치료하기 위해 허브원을 조성해 가꾸었다. 이제 우리 일상에 서양 허브가 깊숙이 들어와 있지만 그렇게 되기 한참 전부터 우리는 우리만의 토종 허브를 이용해왔다. 김치의 재료인 고추, 생강, 부추 등이 대표적 토종 허브이다. 또 독특한 향과 맛을 지닌 깻잎, 방아, 곰취, 당귀 등의 산나물, 잎과 뿌리를 먹는 산야초도 실제로 많이 먹고 사용하는 허브이다.

서양 허브는 해가 밝게 비치고 청량한 바람이 불면서도 주기적으로 촉촉한 비가 내리는 곳에서 건너왔다. 대부분의 허브는 하루 6시간 이상의 일조량이 필요하다. 따라서 하루 종일 해가 잘 들고 통풍이 잘 되는 곳에서 건강하게 키울 수 있다. 건조함에 강한 편이지만 물이 마르면 금방 고사하는 일이 많으므로 배수가 잘 되는 흙을 이용하고, 과습은 피하되 충분히 물을 주면서 세심하게 돌봐야 한다. 민트, 로만캐모마일, 스클라레아살비아(*Salvia sclarea* L.), 디디마모나르다(*Monarda didyma* L.) 등은 겨울에 월동이 가능한 종류로 정원에 심기 좋다. 라벤더, 로즈마리, 세이지 등은 많은 사람들의 사랑을 받지만, 서울, 경기권에서는 겨울을 나기 어렵기 때문에 실내에서 월동해야 한다.

» 1 로즈마리　2 라벤더　3 라벤더

° 로즈마리는 푸른색 꽃을 피워 '바다의 이슬'이라는 말에서 유래되었다. 향이 강해 고기를 재울 때 쓰거나 요리할 때 함께 넣는다. 비스킷 믹스나 빵 도우에 로즈마리 잎을 이용하기도 한다.

° 허브는 삽목 또는 파종으로 쉽게 번식시킬 수 있다. 삽목은 가을이 적기인데, 아침에 새로 난 이슬 맺힌 가지를 손가락 길이 정도 잘라내어 삽목하면 잘 자란다. 상큼하고 약간 매운 향을 지니고 있는 신선한 바질 잎을 샐러드나 토마토 요리에 사용하면 풍미가 좋아진다. 바질은 꽃이 지고 나면 동그랗고 까만 씨앗이 달리는데, 잘 마를 때까지 뒀다가 흙에 심으면 발아가 잘 된다.

° 허브를 토분에 심어 바스켓에 모아두면 작은 허브 정원이 만들어진다. 다만, 뿌리줄기로 흙이 있는 곳곳을 침범하며 퍼지는 민트 종류는 따로 재배하는 것이 좋다.

° 라벤더 향이 가득한 정원에 누워 오후의 휴식을 취하면 하루의 피곤이 바람을 타고 오는 상쾌한 라벤더 향에 날아간다. 이른 아침, 정원에 핀 캐모마일 꽃을 따고, 민트 잎 몇 개를 따서 흐르는 물에 깨끗이 씻는다. 뜨거운 물에 우려내면 상쾌하고 신선한 허브 차를 맛볼 수 있다.

텃밭 한 평,
건강한 샐러드 한 접시

채소를 고기 한 점 싸 넣지 않고 쌈장만 찍어서 먹어도 맛있을 수 있을까? 채소를 직접 키워 먹으면서부터 고기 없는 쌈 채소의 참맛을 알게 되었다. 매콤한 맛이 도는 겨자채, 씹을수록 진한 오크리프, 쌉쌀한 맛이 강하지만 먹고 나면 입이 개운해지는 적치커리. 이런 쌈 채소들의 참맛을 음미하려면 고기가 도리어 방해될 수도 있다.

잎을 먹는 채소인 엽채류는 모양도 다르지만 각각 독특한 맛으로 개성이 있다. 키우기도 쉬워서 작은 땅에 텃밭을 만들거나 조금 널찍한 화분을 이용하면 누구나 어렵지 않게 키울 수 있다. 여기에 방울토마토, 가지, 파프리카, 호박, 오이 등 열매를 따먹는 채소까지 함께 심으면 바로 수확해서 식탁에 신선한 샐러드를 한 접시 뚝딱 올릴 수 있다.

건강한 채소를 키우기 위해서는 당연히 건강한 흙이 바탕이 되어야 한다. 밭이 아닌 작은 화분에 키울 때에는 흙에 더욱 신경 써야 한다. 뿌리가 자라는 공간이 밭에 비해 좁을뿐더러 흡수할 수 있는 양분도 제한적이기 때문이다. 따라서 일반 상토나 배합토에 거름기가 충분한 부엽토를 3 대 1 정도의 비율로 섞어서 사용한다(부엽토 및 퇴비는 상품에 따라 혼합 비율이 따로 명시되어 있으니 반드시 확인하고 사용하는 것이 좋다. 또는 채소용으로 시판되는 배양토를 사용하면 혼합하는 번거로움이 줄어든다). 흙 다음으로 중요한 것은 태양의 맛이다. 충분한 태양을 머금은 후라야 채소의 잎이 윤이 나면서 탱글탱글하고 열매도 튼실해진다.

° 정원에 채소와 어우러진 꽃밭을 만들어보면 어떨까. 먹을 수 있는 꽃인 팬지나 금잔화, 샐러드의 풍미를 돋우는 바질과 민트 그리고 살균 효과가 있는 라벤더 등의 허브, 벌레가 기피하는 한련화와 만수국 등을 함께 심으면 보기에도 좋고 관리도 쉬워지니 두루 이득이다. 호박, 가지, 토마토와 같이 벌과 나비의 수정 수분에 의해 열매가 열리는 식물을 심을 때에는 디기탈리스처럼 벌과 나비를 불러들이는 식물을 함께 심으면 도움이 된다.

° 다섯 가지 색깔의 채소들을 골고루 먹는 것이 건강을 유지하는 비결이라고 한다. 텃밭에도 잎의 색, 줄기의 색, 열매의 색이 다른 종류를 심어보자. 노란색 파프리카, 옥수수, 호박, 고구마 등의 노란색, 파프리카, 당근 같은 주황색, 붉은색 토마토 고추, 수박, 딸기, 적채, 보라색 가지, 블루베리, 포도, 자색고구마, 자색양파와 같은 보라색, 상추, 양배추, 브로콜리, 시금치, 호박, 풋고추 등의 초록색, 감자, 마늘, 양파, 무 등의 흰색 채소들이 골고루 어우러지면 좋다.

° 작은 상자에 키운 채소들로 날마다 건강한 샐러드 한 접시를 식탁에 내놓는다면, 이보다 더 건강한 생활이 또 있을까.

2

정원, 가드닝 본능

Garden

Green Thumb

봄을 알리는
숲의
요정들

서튼플레이스 가든에는 자두나무가 줄지어 심어진 과수원이 있다. 2년에 한 번꼴로 자두 열매가 풍년이 든다는데 내가 있던 해는 열매가 좋지 않은 순서였다. 전해에는 잎이 안 보일 정도로 빠알간 자두가 수북하게 달렸다는 동료의 말에 약이 올랐지만 침만 꿀꺽 삼킬 뿐이다. 집중적으로 관리하는 정원이 모여 있는 곳에서 멀리 떨어져 있다 보니 과수원은 자연스레 발길이 잘 닿지 않는다. 가드너들보다는 기계로 잔디를 깎는 미캐닉 팀이 하루가 다르게 쑥쑥 크는 풀을 다듬느라 더 자주 들르는 곳이다. 그렇게 과수원은 가드너의 손길에서 멀어진 곳이 되었다.

어느덧 겨울이 지나고 3월이 왔다. 정원은 따뜻한 봄기운을 알아채고 움트는 꽃들로 이제 막 연주를 시작한 오케스트라처럼 작은 활기를 띠었다. 날마다 지나는 길을 무심코 지나치다가 "어 뭐지?" 하고 뒤돌아보면, 스노드롭을 비롯해 땅에 붙어 피어오르는 꽃들이 하나둘 보이기 시작한다. 맑고 하얀 꽃잎 여러 장이 겹겹이 감싸져 갸우뚱하게 땅을 내려다보고 있는데 어떻게 모른 척 지나칠 수 있겠는가. 나도 모르게 "안녕, 스노드롭!"

미소가 발사된다. 다른 싹들은 땅 속에서 꾸물거리고 있을 때 부지런하게 땅을 뚫고 올라온 녀석이 기특하다. 하지만 맨땅이 훤히 드러나는 화단 구석에서 한 뭉치씩 피어 있는 것을 보는 것만으로는 성이 차지 않는다. 어딘가에서 나를 부르고 있을 봄꽃의 대규모 화음이 들리는 것만 같다. 점심을 일찍 마치고 바쁜 발길로 정원을 뒤진다. 그러다 문득 나무가 듬성듬성 자라는 숲의 언저리에 야생 스노드롭, 수선화, 시클라멘이 있다는 이야기를 동료에게서 들은 기억이 났다. 말 그대로 자연이 살아 있는 곳이었다. 마음이 급해 발길을 재촉한다.

한참을 걷다 뒤를 돌아보니 아직은 차가운 공기만 고요하게 감돌고, 나는 어느새 숲의 한가운데에 서 있었다. 짐작이 가는 곳으로 조심스럽게 한 발 한 발 떼어 다가간다. 무심코 옮긴 발에 자칫 시클라멘 새싹이라도 밟힌다면? 봄을 깨우는 요정들을 해친 죄책감에 휩싸여 잠을 설치고 싶진 않다. 실개천 바로 앞, 고목이 듬성듬성 자라고 수북이 쌓인 낙엽으로 바닥이 폭신폭신한 곳으로 신중하게 이동한다. 일정한 속도로 내딛는 발걸음 덕분에 두 눈은 땅바닥에 집중할 수 있다. 과연, 예상은 적중했다. 숲 속 낙엽을 뚫고 시클라멘, 크로커스, 스노드롭이 피어올라 마법의 손짓을 건네고 있다. "헉!" 나도 모르게 외마디 비명이 터지자 흠칫 놀라 손으로 입을 막는다. 재빨리 몸을 숙여 꽃에 얼굴을 가져간다. 나와 숲 속의 봄꽃만이 알고 있는 비밀이 시작된 것 같아 가슴이 콩닥콩닥. 하지만 자세히 볼 여유도 없이 곧 마법에서 풀려나야 했다. 숲을 빠져나가야 한다. 여기까지 오느라 점심시간의 대부분이 지나갔다. 오늘은 이곳을 발견한 것으로 충분하다고 마음을 달래며 시간을 충분히 가지고 다음에 다시 오기로 한다.

숲에서 빠져나오는 길은 세 갈래다. 두 개의 길은 익숙하지만 숲을 돌아가야 한다. 당장 시간이 없으니 지름길로 가는 수밖에 없다. 지름길은 숲을 가로질러 자두나무 과수원 끝으로 연결된다. 나는 과수원 쪽으로 내달리기 시작했다. 한참을 숨이 턱에 차도록 달리자 어느 순간 나무 그늘이 사라지고 환하게 비치는 정오의 하늘이 이어졌다. 잠시 하늘을 향했던 시선을 거두는 순간, 두 눈을 믿을 수가 없었다. 자두나무 아래로 한 번도 상상하지 못한 광경이 펼쳐져 있었다. 숲 속 요정들과 맺은 비밀의 흥분을 가라앉히기도 전에 스케일부터 다른, 두 눈 번쩍할 감동이 몰려온다. 흐드러지게 핀 수선화가 마치 노란 카펫을 깔아놓은 듯 포근하게 일렁거리고, 바람을 타고 달콤하게 퍼지는 향기가 콧속으로 흘러들었다. 어디에 눈을 돌려도 노란 수선화 천지였다. 나는 수선화에 홀려 어린애처럼 드넓게 펼쳐진 꽃밭에서 두 팔 벌려 하늘을 보고 빙글빙글 뛰어다녔다. 좀처럼 발길을 주지 않았던 곳인데 그 아래에서 수선화 알맹이가 영글고 있었다니……. 내 생애 최고의 수선화는 영화 〈빅 피쉬〉에서 남자 주인공이 프러포즈를 했던 정원에 탐스럽게 핀 수선화였다. 하지만 자두나무 아래로 실제 눈앞에 펼쳐지고 있는 장면은 그보다 몇 배나 더 환상적이었다. 눈 속에서 얼굴을 내미는 복수초를 발견하면 그 환희가 1년은 족히 간다는데, 수백 수천 송이의 수선화 밭을 내달리던 그날, 그 장면은 아마 평생을 가도 잊지 못할 것이다.

정원은 참 이상한 곳이다. 알아차리는 순간 많은 것이 변한다. 모르고 지나치면 아무것도 아니지만 알아채고 자세히 들여다보는 순간 많은 것이 들어 있는 것이 보인다. 이른 봄날 가지마다 물이 차올라 연둣빛 옷을 입기 시작한 나무가 얼마나 예쁜

Green Thumb

지 알아차린 적이 있는지? 목련과 벚꽃만 눈에 담다가 새봄에 돋아나는 잎이 눈에 들어오기 시작하면 꽃보다 더 싱그러운 초년의 잎이 얼마나 아름다운 빛깔을 뿜고 있는지 깨닫는다. 하지만 바쁜 일상에 치여 지나치면 하루 이틀 사이로 놓치고 만다. 눈여겨보지 않으면 결코 눈에 들어오지 않기에 자연은 기쁨을 내주면서 그 대가로 시간을 요구한다. 덕분에 나 자신을 자연에, 풀에 투영하면서 오롯이 나를 들여다보는 시간을 가진다. 그렇다면 정원은 알아차림을 위해 곁에 두는 자연인 셈이다.

정원을 가까이 두고 바라보면서 주변의 변화를 알아차리는 방법을 터득한다. 오늘 다르고 내일 다른 앞산 능선의 모습에 홀로 감탄한다. 살포시 핀 민들레를 발견하고 혼자 웃음 짓는다. 길 가다가 자투리 흙이 있으면 꽃씨라도 뿌리고 싶고, 예쁘게 가꾼 화단을 마주치면 그 마음과 정성에 심장이 따뜻해진다. 평범하고 일상적인 주변에 눈이 가는 건 자연에서, 정원에서 얻어지는 습관이다. 자두나무 과수원의 수선화에 이끌린 것은 우연한 발걸음이 아니었다. 봄꽃이 뿜어내는 향기를 따라 봄의 구근 요정들이 손짓하는 속삭임에 귀 기울인 끝에 찾아낸 파라다이스였다. 숲 속에 한두 개씩 떨어진 동전을 따라갔더니 반짝이는 보물섬이 눈앞에 펼쳐지는 기분. 앞으로 나는 이런 순간을 얼마나 더 가질 수 있을까.

Green Thumb

흙 꽃 나 무 와
친 해 지 는
기 분

사람들마다 머릿속에 그리는 정원의 스타일이 다르고 놓인 상황이 다르기 때문에 각기 다른 모습의 정원을 만들 수밖에 없다. 그렇더라도 오랑쥬리에 정원을 의뢰한 사람에게 꼭 맛보게 해주고 싶은 것이 있다. 그것은 바로 '정원일'이다. 정원일을 할 수 있는 공간을 선사하는 것이 나의 숨겨진 무기이며 내가 만든 정원이 해야 할 역할이다. 물론 이를 반기는 사람도 있지만 거추장스러워하는 사람도 있다. 정원을 원하되 정원일을 귀찮아하는 의뢰인을 만났을 때, 처음에는 조심스럽게 설득도 하고 필요성을 빙 돌려서 이야기하기도 했다. 하지만 요즘에는 직접적으로 이야기하는 경우가 많다. "식물을 심었다면 당연히 풀도 뽑아주고 물도 주고 관심을 갖고 관리해주셔야죠. 그것이 정원을 가질 수 있는 자격입니다."

식물을 키우기만 하면 죽어나간다고 아예 손사래를 치는 사람이라면 정원을 만들라고 권유하지 않는다. 마당에 정원을 만들어달라고 찾아온 분에게 작은 화분 하나 키우는 것부터 시작해보시라고 작업실에 있는 화분만 들려 그냥 보낸 적도 있다. 그

토록 식물에 대한 부담이 큰데 정원에서 어떻게 즐거움을 얻을 수 있을까 싶은 생각에서였다.

정원일을 꺼린다면 정원을 만들 자격이 충분하지 않은 사람이다. 자연을 내 집 안으로 끌어들였다면 그에 따른 책임이 정원일이라는 활동으로 이어져야 하는 것이 당연하다. 식물은 한번 심었다고 그 모습 그대로 멈춰 있는 정물이 아니다. 스스로 변화하기도 하고 주변 환경에 영향을 받기도 하지만 움직일 수 없기 때문에 사람 손을 통한 돌봄이 반드시 필요하다. 정원은 본래 식물이 살아가는 곳인 들, 산과 같은 자연이 아니기 때문에 계속해서 가꿔야 한다. 생과 사를 반복하면서 연속적인 삶을 살아가는 식물이 자연을 떠나 우리 곁에 와 있다면 건강하게 유지시켜주는 것이 우리의 임무이다. 평생 정원을 가꾸며 정원일의 즐거움을 글로 써내려간 헤르만 헤세는 이렇게 말한다.

"인생에는 여러 가지 어려운 일, 슬픈 일들이 있다. 그래도 때때로 꿈이 현실에서 실현되고 충족되는 가운데 찾아오는 행복이 있다. 그 행복이 결코 오래가지 않는다 해도 그런대로 괜찮을 것이다. 이 행복은 잠시 동안은 참으로 그윽하고 아름다운 향기가 난다. 한곳에 머무를 수 있는 고향이 생긴 기분, 꽃들과 나무, 흙, 샘물과 친해지게 되는 기분, 한조각의 땅에 책임을 지게 되는 기분…… 그 생활은 도시 사람들이 생각하는 것만큼 거칠지는 않지만 온화한 것도 아니다. 하지만 마치 잃어버렸다 찾은 고향처럼 모든 정신적인 인간과 영웅적인 인간의 마음을 깊은 곳까지 끌어당긴다. 왜냐하면 이런 것이야말로 가장 오래 존속해온 가장 소박하고 경건한 인간 생활이기 때문이다."

Green Thumb

어떤 일에 대해 책임을 진다는 것은 어깨가 무거워지는 일이다. 하지만 마당에 심은 감나무, 텃밭에서 키우는 치커리에 대한 책임은 쉽게 기쁨과 즐거움, 행복으로 바뀔 수 있다. 그래서 정원을 만들 때 몸속 깊이 숨어 있던 '가드닝 본능'을 일깨우는 것이 가든 디자이너로서의 나의 욕심이자 의뢰자에 대한 책무라 생각한다.

언젠가 작업실로 손님이 찾아왔다. "나는 아무것도 못해요. 잘 키울 자신이 없어요. 관리를 적게 하는 정원으로 만들어주세요." 이렇게 주문한 의뢰인은 막상 자연스럽게 꽃이 피는 정원을 추구하고 있었다. 내가 풀어야 할 숙제는 흥미를 느끼기 어려운, 반복적이고 기계적인 관리가 아닌 식물과 친해지는 가드닝, 정원일이 어려운 일이 아니라는 깨우침을 정원에 담아내는 것이었다. 우선 매해 봄마다 빈자리를 채우듯 새로운 꽃을 심어야 하는 번거로움을 줄이기 위해 한번 심으면 해마다 피어나는 다년생 초본 식물들을 심는다. 봄이면 때를 알고 다시 올라오는 몽글몽글한 새싹에 땅을 가까이 자주 들여다보게 된다. 여름이면 새들이 몇 안 되는 블루베리 열매를 나누어 먹으러 날아든다. 정원을 채우는 꽃은 한꺼번에 만개하는 법이 없다. 봄에는 라일락, 여름에는 샐비어, 가을에는 구절초. 주인공들이 때에 맞춰 자기 순서를 기다린다. 가을에서 겨울까지는 애잔하게 남은 마른 가지와 검게 영글어 매달려 있는 씨앗들이 정원을 채워준다.

1년 후에 그녀의 정원을 다시 찾았다. 정원일에는 생초보였던 그녀는 달라져 있었다. 열심히 물을 주고, 잡초를 뽑고, 열매를 따고, 놀러 온 새를 아이와 함께 구경하고, 옆으로 퍼진 식물을 포기 나누는 것으로 정원일의 범위를 넓혀가고 있었다. 식물들이 잘 자라고 있어 화단이 풍성했다. 많이 번지는 꿩의비름은 잘라서 옆에 심어주기도 하고, 친정엄마의 뜰에 옮겨주기도 했단다. 키가 사람 높이를 훌쩍 넘긴 큰등골나물은 지주대를 세우고 끈으로 묶어 쓰러지지 않게 단단히 채비해두었다. 작전이 통했다! 애초에 그녀는 정원일에 큰 부담을 갖고 있었지만 이제는 정원이 주는 즐거움을 알기에 식물을 돌보고 가꾸어주고 있었다. 그렇게 그녀는 자연을 집 안으로, 정원일을 일상으로 들이고 있었다.

정원이 딸린 아파트 1층이 마음에 들어 집을 보자마자 "이 집이야!" 하고 바로 결정했다는 의뢰자가 있었다. 이사 당시 인테리어 공사를 하면서 정원을 만드는 데 비용을 들여 덱(deck)을 깔고, 잔디와 나무도 심었다. 처음에는 깔끔한 정원에 눈이 갔지만 2년 정도 살면서 잔디에는 잡초가 자라기 시작하고, 변화 없이 한결같은 철쭉과 회양목은 정원에 흥미를 잃게 했다. 점점 발길이 끊긴 정원에 날이 갈수록 잡초만 무성해지고 어디서부터 손을 써야 할지 엄두가 나지 않는 지경에 이르렀다. 그분이 오랑쥬리를 찾은 건, 정원은 한번 만들고 나서 손을 뗄 수 있는 인테리어와는 다르다는 사실을 깨달았기 때문이다. 의뢰자는 이제 남에게 맡기는 정원이 아닌 본인이 직접 가꾸고 만들어가는 정원의 모습을 바라고 있었다.

그녀와 나, 우리 두 사람이 의기투합하기까지는 그리 오랜 고민이 필요하지 않았다. 우선 평면도를 그리면서 콘셉트를 잡고 본격적으로 정원을 고쳐나갔다. 나무를 고를 때에도 그녀는 매번 동행해서 꼼꼼하게 보고 또 보며 자신의 정원에 맞는 나무

와 화분을 골랐다. 우선 골칫거리 잡초와 뒤섞여 구분할 수 없게 된 잔디는 모조리 없애기로 했다. 재미없다는 철쭉은 한쪽 구석으로 몰아 심고, 새로 고른 나무들을 자리잡아주었다. 작은 키의 수형이 예쁜 배롱나무는 안성맞춤이었다. 가족들과 여름에 열매를 따먹을 생각에 고른 건강한 블루베리도 두 그루 심고, 봄바람을 타고 은은한 꽃 향을 풍길 미스킴라일락은 거실에서 잘 보이는 곳에 자리를 잡았다. 이젠 잡초가 없어진 바닥을 정리할 차례이다. 디딤돌로 판석을 놓으며 우리는 괴력을 발휘했다. 나무를 심을 구덩이도 둘이서 번갈아 삽질하며 파냈는데, 판석쯤이야. 일주일에 한 번씩 하루 네 시간 동안 작업을 하니 꼬박 한 달이 걸렸다. 정원일을 하고 나면 그녀도 나도 팔에 알이 배겨 끙끙거렸지만, 모든 걸 오직 둘이서 해나갔다. 한참이 지나 그때를 떠올리곤 다시는 못할 일이라고 고개를 내저었지만. 하지만 그때는 여름 더위에도 아랑곳하지 않고 두 여자가 초인적인 힘을 발휘했다. 힘든 노동의 피로는 큰잎꿩의비름, 숙근 샐비어, 노루오줌 꽃으로 은은하게 물든 정원을 바라보며 씻어 내면서.

마침내 사랑스러운 정원이 만들어졌다. 하루 종일 발길을 뗄 수가 없단다. 그녀는 하루걸러 사람들을 초대하고 정원을 자랑했다. 직접 들고 나르고 심으면서 고스란히 땀이 밴 곳이니 그럴 만도 했다. 블루베리가 열렸을 때에는 가족들과 시식한 사진을 보내주었다. 배롱나무가 한창이라며 보내온 사진도 있다. 미스킴라일락이 흐드러져 코끝을 감싸는 향기가 진동을 한다는 소식을 들었을 때는 당장 그곳으로 쿵쿵거리며 달려가고 싶었다. 1년이 지나고, 다시 정원에 방문할 기회가 생겼다. 집에서 키우던 개가 새끼를 낳아 분양한 지 1년 만에 만나러 가는 기분이 이런 것일까. 설렘이 일었다.

가을 문턱에서 정원은 계절을 듬뿍 담고 있었다. 그녀가 정원에서 보낸 시간의 흔적이 곳곳에서 읽힌다. 물론 잘 살아 건강하게 크는 아이도 있고 흔적이 없이 사라진 녀석도 있었지만, 잡초가 무성한 황무지 같았던 정원이 사람의 손길이 묻어 변해가고 있음이 감지되었다. 그것만으로도 지난 고생의 보답으로 충분했다.

"정원에 꽃이 피었어요", "아주 잘 자라고 있어요", "겨울에는 나무를 어떻게 해줘야 할까요?" 이런 소식들이 날아들 때 내가 하고 있는 일이 참 좋다. 때로는 궁금증에 답을 주기 어려울 때도 있다. 그런 문제들은 서로 공부하고 알아갈 수 있다. 분명한 것한 가지는, 내게 질문을 보내오는 이들은 지금 자신도 모르게 정원일의 즐거움에 빠져들고 있다는 점이다. 자연과 함께 숨 쉬고픈, 감춰져 있던 가드닝 본능을 톡 건드려 깨우는 것, 그것이 내가 가진 요술 방망이다.

Garden

잡 초 의 전 략
정 원 사 의 전 략

4월이면 정원은 잡초와의 전쟁이 시작된다. 서튼플레이스 가든의 정원사들은 아침 회의가 끝나면 곧장 창고로 가서 바스켓에 핸드포크, 니패드, 모종삽을 담아 정원으로 향한다. 둔탁한 작업화의 발걸음에서 비장함이 느껴진다. 오늘도 잡초와의 싸움에서 승전가를 울릴 수 있기를 기원하면서.

뽑아도 티도 안 나고, 뒤돌아보면 언제 어디서 날아왔는지 모를 씨에서 원래 거기 있었다는 듯 천연덕스럽게 자라는 잡초. 잡초 앞에서 참패를 당해본 사람이라면 정원일에서 잡초 뽑는 일이 얼마나 중요한지 절절히 실감할 것이다. 흙으로 덮인 정원이 있다면 잡초 뽑기는 당연히 정원일의 1순위이다. 그리하여 곡괭이를 들고 땅을 일군다는 것은 잡초와의 처절한 싸움이 시작되리라는 것을 의미한다.

잡초란 무엇일까? 세상에 잡초라는 이름을 달고 태어난 식물은 없다. 단지 사람들이 인위적으로, 다른 식물이 자라는 데 해가 된다고 하여 잡풀이라고 분류했을 뿐. 산길에 지천으로 피어 있는 식물이 도시의 정원에서 매력을 발휘하는가 하면, 반대로 집 마당에서는 박멸 대상이지만 자연에서 보면 더할 나위 없이 예쁜 들풀인 경우도 있다. 하지만 생명을 지닌 것은 모두 소중하다며 흙에서 싹을 틔워 자라는 모든 식물을 키우다가는 화단이 금세 폐허가 되고 만다. 과감한 취사선택이 필요하다. 그리고 무엇을 남기고 없앨 것인가는 순전히 정원을 가꾸는 사람의 몫이다. 안타까운 일이지만 '버려짐'이라는 깃발 뒤에 줄 세워진 식물을 우리는 잡초라고 부른다. 그리고 잡초로 분류되지는 않더라도 다른 식물과 어울려 살기에 부적합한 식물들, 가령 옥살리스, 쇠뜨기, 환삼덩굴, 메꽃, 방동사니, 비름 등은 선택의 기로에서 고민 없이 잡초로 취급 받아 마땅하다. 마이클 폴란은 랄프 왈도 에머슨(Ralph Waldo Emerson, 미국의 시인이자 사상가)이 잡초는 관점에 따라 서로 다르게 비친다는 뜻으로 "잡초란 우리가 아직 그 미덕을 발견하지 못한 식물이다"라고 한 말에 대해 "잡초는 사람이 인공적으로 만들어낸 공간에 특별히 잘 적응하는 식물이다"라고 역설한다. 정원을 아름답게 가꿀 의지가 있다면 무자비하게 공격하는 잡초를 내버려두는 무책임은 범하지 말아야 하는 것이다.

그렇다면 잡초는 어떻게 뽑아야 할까? 잡초 뽑기에도 요령이 있고 방법이 있다. 눈엣가시라며 무턱대고 줄기를 낚아챘다가는 없애기는커녕 개체 수를 늘리려는 잡초의 전략에 말려드는 꼴이 된다. 눈앞에 둔 적의 특성을 알면 쉽게 물리칠 수 있다. 환삼덩굴처럼 어디든 덩굴성 줄기로 덮으며 공중전으로 공격하는 식물을 제거할 때에는 반드시 두꺼운 장갑을 껴야 한다. 특히 잎이나 줄기 표면에 가시로 무장한 녀석들도 있어 반드시 긴소매를 입어야 살짝 스치기만 해도 발갛고 선명하게 생기는

상처를 방지할 수 있다. 덩굴줄기로 다른 식물을 칭칭 감고 있는 메꽃이라면 눈에 보이는 줄기를 제거했다고 끝이 아니다. 메꽃은 씨앗으로 후세를 잇지 않는다. 대신 절단된 모든 뿌리줄기 조각에서 생명을 틔우는 강인함으로 영지를 넓혀간다. 무슨 수를 써서라도 줄기의 시작점을 찾아내어 줄기의 근원지인 뿌리까지 제거하고 한 톨의 잔재라도 흙에서 멀리 떼어내야 비로소 메꽃 전투에서 승리할 수 있다. 약효가 알려지면서 약초로도 사용되는 쇠뜨기도 윗부분만 손으로 잡아 뽑으면 흙 밑에 숨겨진 곧고 뻣뻣한 뿌리를 찾을 길이 없다. 핸드포크나 호미로 흙을 성글게 골라준 다음에 뿌리를 쭉 잡아 뽑아야 한다.

개망초 앞에서는 마음을 굳게 다잡아야 한다. 흰 꽃잎 속에 노란 알이 박혀 계란꽃이라고도 불리는 이 요물은 흐드러지게 피어 있으면 마치 낙원의 들판 같아서 사람의 마음을 혼란스럽게 한다. 하지만 한눈을 파는 사이 개망초는 한 포기에서 82만 개의 씨앗을 맺어 사방으로 퍼뜨린다. 더욱 놀라운 것은 피보나치 수열(앞의 두 수의 합이 바로 뒤의 수가 되는 수의 배열)에 따라 계산적으로 잎차례를 둘러 암술과 수술을 단단하게 보호하는 등 효율적이고 치밀한 생육 전략을 발휘한다는 것이다. 일순간 현혹되어 '낙원'을 즐기는 사이, 내년엔 둥둥 떠다니는 계란꽃이 우리 집 화단을 평정하는 지경에 이를 수도 있다는 점을 잊지 말자.

크리스토퍼 로이드가 그레이트 딕스터 가든(Great Dixter Garden) 정원사들에게 일러둔 잡초 뽑는 기본자세가 있다. 그는 제초제를 사용하지 않고 손으로 뽑는 수작업을 고집하기로 유명하다. 손을 이용해 효과적으로 잡초를 뽑기 위해서는 우선 무릎을 꿇을 것을 지시한다. 잡초를 뽑을 때에는 자세를 낮추는 것이 기본인데, 이때 니패드를 깔고 무릎을 바닥에 댄다. 그래야만 허리에 무리가 덜 가고 다리가 저리지 않아 장시간 작업에 버틸 수 있다. 거기에 날이 깔끔하게 선 모종삽이면 준비는 끝이다. 핸드포크와 바스켓, 손가락 감각이 무뎌지지 않는 얇은 장갑이 추가되면 더 좋다. 핸드포크의 삼지창으로 갈라진 날은 흙을 고르거나 잡초를 뽑기 위해 흙을 들어 올리는 데 안성맞춤이다. 손에 익으면 모종삽보다도 편리한 도구이다. 바스켓은 정리한 식물을 담거나 흙을 옮기는 등 다양한 용도로 쓰이는데, 고무 재질로 손잡이가 튼튼하고 물이 새지 않는 것이 좋다.

잡초를 무찌를 탄탄한 전략도 세웠고, 탁월한 작전 수행을 위한 도구도 모두 준비되었다. 이제 정원사는 매서운 눈으로 잡초를 판단하고 손을 뻗어 근원을 뿌리 뽑아 승리의 깃발을 꽂으며 한 발짝씩 전진한다. 오늘 하루는 한 줄기의 잡초도 남기지 않겠다고 각오하면서.

수채화를 닮은 정원

정원에서 가장 먼저 눈에 띄는 공간은 무엇일까? 넓게 조성된 덱일 수도 있고, 편안한 벤치가 놓인 휴게 공간 또는 졸졸 흐르는 물소리가 정감 있는 물이 있는 공간일 수도 있다. 하지만 무엇보다 정원을 지배하는 곳은 식물이 어우러지는 화단이다. 처음에는 비슷해 보이는 정원이라도 어떤 초화류가 어떻게 심어져 있는지에 따라 시간이 지나면서 완성되는 모습은 하늘과 땅 차이다.

화단을 그림에 비교하자면 수채화와 많이 닮았다. 영국의 가든 디자이너 거트루드 지킬(Gertrude Jekyll)은 정원의 식물을 수채 물감에 빗대었다. 실제로 본인이 수채화로 정원의 모습을 담아냈고 그녀가 그린 평면도조차도 물에 물감을 엷게 풀어 그린 수채화를 연상하게 한다. 그도 그럴 것이 같은 색이어도 꽃마다 풀마다 농도와 채도가 다르다. 튤립 하나에서 난 잎사귀에도 희끗한 초록, 짙어 검기까지 한 초록, 튤립 꽃잎의 빨간색이 스며든 초록 등 '그냥 초록'이라는 색은 찾을 수 없다. 흰색도 그냥 흰색일 리 없다. 정원에 핀 흰 장미꽃은 시원한 흰색, 짙은 그림

자가 어린 흰색, 우아하며 단아한 순백의 흰색 등 미묘하게 같으면서 다르다. 보는 각도에 따라 빛을 머금어 흡수하는 양이 달라지면서 우리의 눈은 '그냥 흰색'이 아닌 수많은 색을 꽃잎에 채워 그린다. 그래선지 정원에 심을 초화류를 준비하고 심으러 가는 날 아침에는 하얗고 깨끗한 팔레트에 수채화 물감을 섞는 화가처럼 마음이 설렌다. 하지만 아무리 멋진 수채화를 그릴 수 있다고 해도 수채화의 주인공은 식물이라는 것을 잊지 말아야 한다. 정원이 좋아하는 꽃과 풀은 다르며 화단의 주인공은 식물이 되어야 한다는 뜻이다. 화단의 위치와 기후, 토양의 특성 등을 포함한 화단의 성격이 바로 그곳의 주인공을 결정짓는다. 주인공이 결정된 이후 식물을 조화롭게 배치하여 보기 좋고 건강한 화단으로 만들어가는 것이 비로소 진정한 정원사의 일이다. 심는 사람이 화단의 주인공이라고 생각하고 정원을 가꾸면 얼마 지나지 않아 스스로도 만족하지 못하게 된다. 꽃이 좋아 매해 봄마다 농장에 나온 보기 좋은 모종을 심고 또 심는 사람들이 간과하는 첫 번째가 바로 이 점이다.

잠시 정원에 가만히 서서 주위를 꼼꼼히 바라보고 차근차근 생각해보면 정원의, 화단의 성격을 알아낼 수 있다. 여기서부터 정원을 가꾸는 것이 시작된다. 정원이나 화단에 심을 꽃을 사러 시장에 가기 전에 30분이라도 심을 자리를 찬찬히 들여다보자. 내가 좋아하는 식물로 화단을 채우기 원한다면, 그 식물의 특성을 샅샅이 파악하고 그에 걸맞은 환경과 조건으로 화단을 조성해야 하는 것은 당연하다. 조금만 찬찬히 생각하면 정원의 빈 땅에 무턱대고 식물을 심는 일은 저지르지 않을 것이다. 내가 보기 좋은 곳에 식물을 심을 수도 있지만 식물이 살아가기 좋은 장소를 찾아 환경을 만들어주는 것이 무엇보다 우선이다.

정원은 인간의 욕심에서 시작되었다. 자연을 우리 집 담장 안으로 끌어들였다면 식물이 잘 살아가도록 도와주는 것이 무엇보다 중요하지 않을까? 그렇다고 투덜거리거나 서운해할 필요는 없다. 인간이 식물에게 일방통행에 가까운 무한한 돌봄을 베푸는 일은 벌어지지 않는다. 우리가 한 만큼, 어쩌면 더 이상의 것을 식물은 우리에게 돌려준다.

Green Thumb

카틀레야 꽃
한 송이

"사랑은 이제 끝났으려니 해도 때가 되면 다시 피는 봄의 꽃과도 같다." 인도네시아의 한 작가는 사랑을 봄이면 피는 꽃과 같다고 했지만, 1년에 딱 한 번 피는 서양란의 꽃송이를 생각하면 그 사랑이 참 애절하다. 난 시장에 갈 때마다 언제나 나의 눈길을 끄는 것은 복주머니처럼 크게 늘어진 꽃잎이 화려한 무늬와 독특한 색으로 수놓인 파피오페딜룸이었다. 런던에서 열린 오키드 쇼에서 처음 보고 한눈에 매료되었지만, 이후에도 언젠가 키울 날이 오겠지 하고 들었다 놨다를 반복하다 내려놓곤 했다. 정원에서 키우기도 까다롭지만, 무엇보다 꽃을 한두 송이만 피우니 어쩐지 얄궂은 허세처럼 느껴진다고 할까.

파피오페딜룸 대신 난의 여왕으로 칭송 받는 카틀레야를 데려와 지켜본 지 딱 1년 만에 마침내 꽃이 피었다. 농장에서 보살핌을 받다 온 아이는 처음 들이고 며칠 후 당연하다는 듯 봉오리에서 꽃을 활짝 터트렸다. 딱 두 송이가 한 달 정도 피어 있었다. 처음에는 연분홍 빛깔이 은은하더니 시간이 지날수록 마른 천이 물을 머금으면서 진해지듯 또렷해졌다. 향이 좋은 카틀

Garden

레야는 꽃이 막 피기 시작한 하루 이틀 동안에는 향기를 숨기고 있다. 아니면 꽃잎 저 깊은 곳에서 향기 뭉치를 만들고 있는 중인지도 모른다. 예상치 않은 향기가 꽃 주변에서 새어 나오기 시작하면 근처를 지나가기만 해도 달콤한 꽃 향이 코끝을 간질인다.

우아한 분홍 꽃은 한 달 동안 향기를 머금고 있다. 하지만 카틀레야의 꽃도 화려한 생을 마감하는 순간이 온다. 꽃이 필 때는 속이 꽉 차오른 봉오리에서 마치 축포가 울리듯 핑 하고 환호성을 내더니, 질 때가 되자 어제까지도 쌩쌩하던 꽃잎이 소리도 없이 푹 주저앉는다. 진하게 풍기던 향기는 그보다 앞서 시들기 며칠 전에 예고도 없이 사라진다. 그렇게 향기를 잃은 꽃은 금세 물기와 윤기를 잃고 초라하게 오그라들더니 그 상태로 소리도 없이 자신을 떨구었다. 급작스러운 낙화에 안타까운 마음 한편에는 배신감마저 들었다.

카틀레야의 모든 매력은 꽃에만 있었던 걸까? 꽃이 진 후 앙상한 잎만 줄기에 매달린 모습이 축제가 끝난 황량한 거리 같다. 꽃을 떨군 카틀레야는 자연히 구석으로 밀려났다. 대개의 서양란이 꽃을 보는 단 몇 개월 동안만 극진한 대우를 받고 꽃이 지면 잎과 뿌리가 살아 있어도 꽃꽂이용 소재처럼 버려지듯이. 하지만 축제에 대한 그리움 때문이었을까, 나는 카틀레야를 간직하기로 했다.

카틀레야는 그렇게 해도 덜 들고, 눈에도 덜 띄는 곳에서 1년을 보냈다. 간간이 스프레이와 물로 목마름을 해소할 정도의 관심을 받으며. 그러던 어느 날, 기특하게도 새로운 촉이 나오기 시작했다. 가늘고 긴 초록색 잎은 단단하고 매끈해서 살아 있는 잎이라기보다 플라스틱 꼬챙이 같은 느낌이었다. 살아 있음을 확인한 반가움도 잠시, 미동도 없이 다시 몇 개월이 지났다. 그러다 어느 순간 새로 난 잎 겨드랑이에서 작고 탱탱한 꾸러미가 얼굴을 내민다. 순간 교차하는 고마움과 미안함. 눈 밖에 난 줄도 모르고 1년 동안 새로운 꽃을 피우기 위해 저 혼자 무던히도 애를 썼겠지. 두 개의 촉이 자라고 난 후에도 한참이 지나서야 한쪽에서 꽃봉오리가 올라온다. 꽃봉오리가 통통하게 차오르는 데만 해도 한 달은 족히 걸린 듯하다. 그 안에서 무슨 일을 그리도 시간을 들여 차근차근 준비했던 걸까. 알이 커지고 속이 탱탱해진 다음, 이제야 준비를 마쳤다 싶었을까, 붙어 있던 꽃잎이 마침내 톡 벌어진다. '휴…….' 안간힘을 쓴 끝에 무사히 태어난 아이를 보는 것처럼 안도감이 밀려오고 고생했단 말이 절로 나온다. 꽃 한 송이를 피우기 위해 어쩌면 이렇게까지 사력을 다할까. '눈물겹다'라는 말은 이런 때를 두고 하는 말이 틀림없을 것이다.

작은 초록 생명이 자신이 가진 모든 에너지를 끌어 모아 잎을 틔우고 꽃을 피운다. 그렇게 이룬 결실인데 어떻게 꽃을 그냥 꽃으로만 볼 수 있을까. 꽃을 피우고 며칠이 지나자 향기가 주변 공기를 물들인다. 코를 바짝 대고 들숨을 크게 쉬어본다. 눈꺼풀이 파르르 떨린다. 어디서도 맡아보지 못한 향기, 달콤하고 상큼한 수만 가지의 향이 섞여 있지만 인위적인 향은 쏙 빠져 있다. 숲 속에 핀 꽃들을 따라 걷는 기분이 이렇지 않을까?

카틀레야 꽃 한 송이에 온종일 기분까지 향기롭다. 이제 작업실에는 봄의 향기를 전하는 히아신스, 수선화, 재스민 향까지 어

우러진다. 지나가는 사람들을 불러들여 무한대로 그 향기를 퍼주고 싶다. 만약 누군가 작업실에 들렀다가 화분 하나를 얻는 작은 횡재를 한다면 내가 꽃 향에 취해 있을 때가 분명하다. 카틀레야 꽃향기가 눈에 보이지 않게 나를 두르고 있던 장벽을 와르르 무너뜨린다.

Garden

장미와 시종

정원의 가장 좋은 자리에는 장미가 있다. 우아하고 고혹적인 새빨간 꽃의 묵직한 화려함에 진한 향기까지 더해지니, 아마도 사람들이 가장 좋아하는 꽃을 꼽는다면 단연 장미일 것이다. 그 강렬함 때문일까. 장미는 수많은 연인의 사랑을 이야기한다. 아프로디테가 연인 아도니스를 잃었을 때 떨군 눈물은 장미가 되었다. 클레오파트라는 안토니우스가 자신을 오랫동안 기억하기를 바라는 마음에서 자신의 거처를 장미 잎으로 가득 채웠다고 한다. 에로스가 어머니인 아프로디테의 로맨스를 누설하지 말아달라고 침묵의 신 헤포크라테스에게 부탁을 하자 침묵의 신이 그렇게 하겠다는 응답으로 보낸 꽃이 장미였다. 사랑의 다른 이름 장미. 장미를 받고 행복해하지 않는 사람이 있을까.

내가 장미의 실체를 알게 된 건 장미의 나라 영국의 서튼플레이스 로즈 가든에서 장미를 돌보면서다. 6월의 정원을 가득 메운 장미 꽃밭. 장미 한 송이를 두 손에 조심스레 받쳐 들면 부드럽게 흐르는 꽃잎 낱낱의 감촉, 짙고 농염한 향기에 자리를 뜨기 쉽지 않다. 한 송이가 주먹만 하게 꼿꼿이 피는 것에서부터

작은 꽃이 올망졸망 모여 늘어져 피는 것까지 크기도 모양도 다양하지만, 하나같이 고운 감촉과 색감으로 그 앞에서 마냥 고개를 숙이고 있게 한다. 그러나 그런 아름다운 자태 뒤에는 1년 내내 온몸을 바쳐 돌본 정원사들의 노고가 있음을 그때 알게 되었다. 정원사들은 1년 중 화창한 날의 절반은 장미를 위해 온몸을 바친다 해도 과언이 아니었다.

시싱허스트 화이트 가든(Sissinghurst White Garden)의 장미 덩굴은 장미의 매력의 극치를 보여준다. 정성스레 가꿔진 장미의 새하얀 꽃잎은 미세한 햇살까지 흡수해버리는 기름종이 같다. 고개를 뒤로 젖히고 하늘을 보면, 퍼골라(pergola, 옥외에 그늘을 만들기 위해 기둥과 선반으로 만든 아치형 구조물)를 완전히 덮은 수많은 꽃잎이 샛노란 솜털 같은 암술에 몸을 맡기고 맑은 하늘을 배경으로 조금씩 움직인다. 6월의 파란 하늘을 환상으로 덮어버리는 뮬리가니아이 장미다.

서튼플레이스 로즈 가든의 백 미터에 달하는 긴 터널을 덮고 있는 아비아테르 블레리토 장미에 둘러싸여 거닐 때면 베르사유의 장미라 불린 마리 앙투아네트가 부럽지 않다. 겹겹이 모여 있는 꽃잎은 수줍은 소녀의 얼굴빛마냥 살굿빛, 청초한 순백색, 연한 노란빛을 한가득 품었다. 모든 꽃봉오리가 일제히 터지는 6월이면 나는 이 터널을 지나기 위해 부러 멀리 돌아가곤 했다. 터널을 휘감은 장미 줄기는 지난겨울 한 달 내내 추위에 맞서 트렐리스(trellis, 덩굴나무가 타고 올라가도록 만든 격자 구조물)에 장미 줄기를 감아 묶어준 노력의 결실이다. 수천 송이의 장미꽃을 피우기 위해 해마다 정원사들은 크리스마스 전후로 줄기를 일일이 트렐리스 기둥에 묶어준다. 한 사람은 가시에 찔리지 않기 위해 가죽으로 된 장미 전용 장갑을 끼고 구부러진 줄기를 끌어당겨 힘 있게 밀착해준다. 기름이 잘 발린 주트(jute) 끈으로 매듭을 묶는 다른 사람은 장갑을 낄 수 없다. 둔탁한 장갑을 끼고는 매듭을 제대로 묶을 수가 없기 때문이다. 게다가 줄기는 절대 다른 줄기들과 교차하거나 엉키지 않아야 한다. 촘촘히 매듭지어진 트렐리스를 올려다보면 살과 살 사이를 불규칙한 모양으로 나누고 있지만 절대 만나지 않아 마치 퍼즐 조각을 보는 듯하다. 찬바람이 거센 탓에 손바닥을 비벼가면서 작업을 해도 춥기는 마찬가지지만, 뭔가 신비로운 규칙, 정원사만이 알고 정원사만이 풀 수 있는 비밀을 만드는 듯한 즐거움에 시간 가는 줄 모르고 작업에 빠진다.

마이클 폴란은 『세컨 네이처』에서 "장미 화단을 준비하는 것은 성미 까다로운 귀부인이 살 집을 치장해주는 일과도 같다"고 적었다. 백번 공감하지 않을 수 없는 구절이다. 그 치장을 돕느라 시종들은 사계절 내내 한시도 쉴 틈이 없다. 하이브리드 티(hybrid tea, 장미의 품종 중 하나로 티tea 계열과 하이브리드 퍼페추얼hybrid perpetual 계열을 교잡한 품종군) 계통이나 관목 장미는 날씨가 따뜻해지는 5월부터 그녀 옆에 꼭 붙어 시중을 들어야 한다. 잡초 풀씨가 날아와 잎을 내미는 것은 절대 용납할 수 없다. 따라서 일단 바닥에 검게 부숙한 부엽토로 쿠션을 만들어놓는다. 이렇게 폭신하게 깔린 흙빛 카펫은 잡초를 쉽게 뽑을 수 있게 도와준다. 장미는 절대 호락호락 꽃을 보여주지 않는다. 반드시 가시와 투쟁해야만 한다. 무릎을 꿇고 줄기를 피해 비집고 기어가다시피 덩굴 속으로 침투한다. 움직임에 작은 오차라도 생기면 여지없이 팔뚝이고 손이고 상처가 남는다. 영화 〈엔트랩먼트〉의 캐서린 제타 존스처럼 장미의 가시가 쏘아대는 붉은 광

선을 피해 숨죽여 몸을 움직여야 한다. 하지만 꽃이 필 때쯤이면 영광의 상처는 이미 아물어버렸으니 긴장된 전투의 순간은 잊게 마련이다.

다행스러운 건 혹독함을 겪게 한 후 안겨주는 감동이 오래오래 간다는 사실이다. 그래서 매일 흙을 밟고 가꿀 수 있는 나만의 정원이 있다면 나는 기꺼이 장미를 다듬고 가꾸며 그 향에 취하고 싶다. 아이 얼굴만 한 샛노란 겹꽃이 사랑스러운 필그림 장미를 꺾어 방 안에 꽂아두고 아침저녁으로 눈 마주치는 호사를 누릴 날을 꿈꾼다. 장미의 매력을 다시 한 번 손끝에서 오롯이 느낄 날이 오기를. 긴 시간의 기다림조차 장미꽃은 충분히 보듬어줄 테니.

Garden

움 직 이 는
정　　　　　원

가을의 정원은 초록의 힘을 쭉 빼고 겨울을 준비하기 시작한다. 그리고 정원사는 그 어느 때보다 정원에서 바삐 움직이기 시작한다. 때를 놓치지 말아야 할 일이 있어서다. 다음 해를 위해 중요한 일이고, 정원사로서 부자가 된 듯 두둑함을 느낄 기회이기도 하다. 바로 꽃이 지고 난 후 알알이 맺힌 수천 개의 씨앗을 재탄생시키는 일. 씨앗뿐인가, 덩치 큰 식물을 쪼개어 나눠 심으면 마술모자에 한 개의 사과를 넣으면 두세 개가 되어 나오는 신나는 일이 벌어진다.

오랑쥬리 너서리에서는 10월과 11월 사이에 좋은 날을 잡는다. 봄에 받아놓은 꽃씨와 여름 꽃에서 얻은 씨앗을 파종하기 위해 온 식구들이 총동원된다. 매발톱 종류인 캐나다 매발톱, 하늘 매발톱, 블랙바로우 매발톱 등 채종한 씨앗 종류만 무려 수백 개가 넘는다. 일찍 꽃이 진 수레국화 씨앗도 어마어마하게 턴다. 에키네시아도 데드헤딩(dead heading, 꽃이 시든 후 씨를 맺기 위해 영양분을 흡수하는 것을 막아 꽃이 또 필 수 있도록 꽃머리를 따주는 것)을 열심히 해주다가 후세를 위해 한 품종당 두세 송이씩

Green Thumb

씨앗이 익을 수 있게 남겨둔다. 그렇게 까맣게 속이 꽉 찬 씨앗이 될 때까지 기다리다 거센 가을바람에 날려 떨어지기 직전에 씨앗을 받아 보관한다. 미국에 있는 친구가 한국에 들어올 때 사다 준 백일홍 씨앗은 발아율이 백 프로였다. 그해 백일 동안 꽃을 보고 씨를 받아두었다. 올해도 완벽한 성공을 기원한다.

씨앗을 뿌린다고 모두 싹이 올라오는 것은 아니다. 가장 애를 태웠던 건 제비고깔이었다. 깊은 블루 톤의 보라가 섞여 보는 각도에 따라 오묘한 무지개가 일렁이는 제비고깔을 보면 절대 그냥 지나칠 수 없다. 해마다 농장에서 사다가 화단에 심는데, 지난해에는 씨앗이 맺힌 자루를 조심히 받아 말린 후 파종했다. 씨앗을 흙에 뿌리고 섭씨 16도를 유지해주며 어두운 곳에 열흘 정도 두면 발아하지만, 어쩐 일인지 그해 제비고깔은 전혀 싹을 보여주지 않았다. 실망이 크지만 내 손으로 생명을 키운 제비고깔의 푸른빛을 보기 위해 계속해서 시도할밖에.

지난가을 파종한 씨앗 가운데 심혈을 기울여 유심히 지켜보고 있는 것이 하나 있다. 내가 '큰등골나물'이라는 애칭으로 부르는 마쿨라툼등골 아트로푸르푸레움이다. 작은 꽃이 모여 큰 다발을 만들어 피기 때문에 팥죽색 꽃을 오래 볼 수 있다. 꽃이 질 때도 색감이 은은하고 좋아서 정원에 심으면 여러 역할을 톡톡히 한다. 2미터까지도 자라고 줄기가 빳빳하게 서 있어서 배경 식재로 그만이다. 우리나라 장마에 문제없이 잘 자라는 것을 테스트하고 나니 어느새 큰등골나물 전도사가 되었다. 서양등골나물이 퇴치 식물로 선정되어 여기저기 퍼져 있는 싹을 뿌리 뽑는다기에 혹시 큰등골나물도 위해종은 아닐까 염려되어 환경부 담당자에게 확인을 받기도 했다. 이 녀석들은 서울 근교에

Green Thumb

서 구하기 쉽지 않아 충청북도의 농장에서 구해 와야 했다. 여기저기 정원에 심어주고 나니 결국 한 포기만 남았다. 대대손손 자손을 생산해야 할 막중한 임무가 그 한 포기에 부여되었다. 우선 줄기를 잘라 흙에 꽂는 삽목을 했다. 튼튼한 줄기에서 다섯 개를 잘라냈는데 그중 단 한 줄기에서 뿌리가 한 가닥 내렸다. 뿌리를 확인하고 큰 화분에 옮겨 심었는데 그것이 화근이 될 줄은 몰랐다. 어떤 이유에서인지 옮겨주자마자 초록으로 맺힌 잎눈이 말라버렸다. 아직 미련을 버리지 못하고 물을 주며 지켜보고 있지만 가망은 없어 보인다.

만약을 대비해 꽃이 지고 난 자리에서 씨앗도 받아두었다. 큰등골나물의 씨앗에는 깃털이 달려 있다. 아주 가벼워 손바닥 바람을 살짝만 일으켜도 그 자리에서 폴폴 날린다. 봉투 한 가득 모아 담은 씨앗을 가드닝이 취미인 앞마을 아저씨에게 정원에 뿌려보시라고 드리고, 자주 들르는 정원 친구들에게도 한 움큼씩 분양했다. 내가 실패해도 누군가 성공하면 하나라도 얻어오자는 속셈이다. 물론 나도 씨앗을 어마어마하게 뿌렸다. 대부분은 너서리에 뿌렸고, 일부만 파종 트레이에 뿌려 작업실 미니 온실에 두고 관리했다. 아무런 변화 없이 두세 달이 흘렀다. 같은 시기에 뿌린 매발톱, 수레국화, 에키네시아는 발아해서 싹을 틔우는데, 유독 이 녀석만 깜깜무소식이었다. 애타게 기다리니 야속함이 더 컸다. 그래도 희망을 버리지 않고 흙에 정성스럽게 수분을 공급해줬지만 싹이 나올 기미가 보이지 않았다. 충북 농장에 또 한 번 다녀와야겠다 맘먹고 있었다. 그런데 파종하고 넉 달쯤 지났을까? 싹을 틔우는 작은 꿈틀거림이 보이기 시작했다. 씨앗을 뿌렸지만 미동도 없던 텅 빈 자리 중간중간에 서너 개의 초록 새싹들이 비집고 나오고 있지 않은가. 나도 모르게

"기특하다, 기특하다"를 연발한다. 이미 삽목을 옮기면서 실패를 맛보았기에 섣부른 행동을 자제하는 중이다. 스무 개 중 열 개에서는 싹이 올라오기를 바라며 자라는 걸 지켜보고 있다. 넉 달도 기다렸는데 몇 주 더 못 기다릴까. 인내심을 가지자. 올해 큰등골나물 무리가 바람에 일렁일 수 있기를 간절히 바라면서.

파종 트레이를 사용해서 씨앗을 뿌리면 흙이 담긴 모양대로 뿌리볼이 형성되기 때문에 더 큰 화분에 옮겨 심을 때 유리하다. 칸칸으로 나뉜 트레이에는 식물이 한 칸에 하나씩 자라야 한다. 그런데 트레이에 씨앗을 뿌릴 때는 한 칸에 서너 개씩 모아 뿌리기도 하고 아주 작은 씨앗은 열댓 개를 한꺼번에 뿌리기도 한다. 그래서 트레이 칸에서 싹이 여러 개 나올 때는 서로 엉겨 붙어 자라게 된다. 이때 좀 약하다 싶은 것은 뽑아주는 게 좋다. 파종을 처음 하는 사람은 화들짝 놀란다. "왜 죽여요? 아까워요!" 나를 살인자 보듯 한다. 하지만 매정할 수밖에 없다. "이 길이 모두가 살 길입니다." 모두 다 키울 수 있는 장소와 환경이 허락되면 굳이 매정한 짓을 왜 하겠는가. 튼튼하게 자라는 새싹 하나를 위해서 엉겨 있는 다른 새싹들은 솎아낼 수밖에 없다. 솎아주기 싫으면 붙어서 자란 싹을 하나하나 떼내어 따로 심어주면 된다. 이를 솎아내기, 프리킹 아웃(pricking out)이라고 한다. 핀셋과 디버를 이용해 수술하듯 진행하는 정교한 작업이다. 프리킹 아웃으로 간격을 넓혀 줄지어 심으면 백만장자 부럽지 않은 때가 온다. 하나하나가 꽃을 피우고 정원을 채워줄 식물로 자라준다면 이런 재미난 수고쯤은 감수할 만하다.

겨울 동안 작업실에서는 미니 온실이 제 역할을 톡톡히 한다. 다양한 제품들이 많이 나와 있지만 기능을 무시한 채 디자인에만 신경 쓴 것들이 많아서 몇 년 전에 샀던 두세 개의 미니 온실을 지금까지 사용하고 있다. 지인들이 준 씨앗, 정원에서 채종한 씨앗을 파종한 트레이와 로즈마리, 라벤더 등의 허브를 삽목한 트레이를 온실에 넣고 습도와 온도를 일정하게 맞춰준다. '오랑쥬리 인 오랑쥬리'인 셈이다.

오랑쥬리에서 새롭게 태어난 식물들이 기지개를 펴고 있다. 움직이는 정원. 씨앗에서 자란 작은 생명을 건네주며 식물의 온기가 널리 퍼지기를 간절히 바란다. 인정하고 싶지는 않지만 잘 자라지 못할 수 있다는 것도 안다. 그래서 다만 두려워하지 말라고 당부한다. 잘 키우면 좋고, 잘 안 돼도 너무 자책하지 말라고. 하지만 방치만큼은 안 된다. 정원일의 세계에서 과정 없이 결과를 보는 일은 없다. 시행착오 속에서 핀 꽃들은 그만큼의 감동과 미소를 꼭 되돌려줄 테니까.

Garden

꽃　처　럼
한　철　만
사 랑 해 줄 건 가 요

스무 가지가 넘는 악기가 동시에 연주되는 오케스트라 공연은 정원과 많이 닮았다. 관악기, 현악기, 타악기 중 보통 메인 멜로디를 연주하는 악기는 바이올린, 비올라 같은 현악기이다. 곡의 흐름을 이끄는 역할로 가장 많은 연주자가 있는 파트. 현악기와는 대조적으로 클라이맥스에 모든 악기가 일제히 합주하는 몇 단락을 제외하면 몇 번 소리를 내고는 내처 쉬고 있는 듯이 보이는 악기도 있다. 그러나 쉬는 듯 보일 뿐이지 연주자는 쉴 새 없이 눈으로 악보를 쫓으며 음악을 완성하는 데 일조한다.

내게는 객석에 앉아 온 신경을 청각에 집중하고 마음까지 모조리 쏟아가며 연주를 즐기는 방법이 하나 있다. 많은 악기가 동시에 연주되면서 수많은 소리가 섞이는 가운데, 한 가닥 소리와 매치하는 악기를 연결시켜 짝을 찾아준다. 다른 금관악기는 우렁찬 소리가 명확하게 뿜어져 나오기 때문에 쉽게 알아차릴 수 있지만 좀처럼 들리지 않는 바순과 호른의 소리를 찾으면 그것만큼 온화한 소리가 또 있을까 싶다. 개인적으로는 조용한 가운데 깊은 소리가 울리는 플루트나 오보에의 소리를 좋아한다. 현

Green Thumb

악기마저도 숨을 죽이는 오보에 솔로 부분은 전체 시간에 비하면 짧지만 그 순간의 여운은 길게 남는다. 고등학교 시절 관현악반에서 플루트를 연주했던 2년 동안 내게 남은 것은 플루트 연주 기법도 절대음감도 아닌, 하모니에 숨겨진 소리의 근원 악기와 연주자를 찾아내는 버릇이다.

가만히 귀 기울이면서 연주 대형을 들여다보고 있자니 마치 정원 화단에 모인 꽃들처럼 느껴진다. 오케스트라가 완성하는 음악은 식물을 담아내는 정원이고, 오케스트라를 채우고 있는 연주자와 악기들은 정원에 핀 꽃과 닮았다. 그렇다면 한 곡을 연주하는 시간은 정원에서의 1년에 비유할 수 있을까. 현악기의 섬세한 연주는 작은 꽃들이 재잘거리며 다투어 피는 듯한 소리이다. 통통 튀어나와 좌중을 압도하는 트럼펫 소리는 모양도 트럼펫처럼 생긴 폭스글러브 꽃들이 차례로 '펑' 하고 활짝 피는 순간처럼 환희에 차오른다. 오보에나 클라리넷의 감미로운 선율은 마치 정원에서 봄과 여름을 타고 오는 바람결 같다. 조용히 대기하고 있던 심벌즈도 칭칭거리고 팀파니의 절정으로 치닫는 함성이 울리면, 향기를 머금은 장미가 팡팡 터지며 화려한 꽃 색을 만발하는, 아름다움에 몸부림치는 여름 정원이 된다. 꽃을 피운 식물은 말할 것도 없고 꽃이 피지 않았지만 잎과 줄기가 초록으로 생생한 식물까지 모두 하나가 되는 순간이다.

정원의 클라이맥스는 찰나이다. 절정을 즐겼다면 내리닫는 부분이 있다. 잔잔하고 느린 선율이 마음을 차분하게 가라앉히듯 정원도 화려함을 내려놓은 채 제 몫을 다해 씨앗을 여물게 하고 잎을 떨구는 가을과 겨울로 간다. 오케스트라의 여운이 가슴에서 쿵쾅거림으로, 아니면 잔잔한 선율로 남는 것처럼, 겨울

Garden

의 정원을 걷고 있으면 꽃이 피었던 여름의 기억과, 다음 여름을 준비하는 조용한 움츠림이 어느덧 발끝으로 코끝으로 전해진다.

오케스트라를 구성하는 악기들이 하나같이 메인 파트만 연주한다면 어떻게 될까? 하모니, 조화, 어울림은 사라진다. 별로 듣고 싶지 않아 한 귀로 듣고 한 귀로 흘려버리는 연주가 될지도 모른다. 어쩌면 음악이 아닌 그저 그런 소리가 되어버릴지도. 뒤에서 받쳐주는 화음이 있고, 잔잔하게 흐르는 선율이 있고, 클라이맥스를 암시하는 리듬이 있어야 한다. 연단에서 가장 많은 자리를 차지하고 가장 많은 연주를 한다고 해서 바이올린이 오케스트라의 주인공은 아니듯이 말이다. 심벌즈가 단 한 번의 연주를 위해 집중하듯이 모두가 맡은 역할에 충실해 하모니라는 주인공을 만들어낸다. 한 가지 또는 두세 가지 꽃으로 덮인 화단에는 하모니가 빠져 있다. 꽃을 피워 올리지 않아도 묵묵히 자리를 빛내며 정원의 하모니를 이룰 수 있는 식물은 분명히 필요하다. 같은 색의 팬지만 가득 심어진 화단과 여러 가지 다년생 초화류가 함께 심어진 화단에서 느껴지는 하모니는 다르다. 그렇다고 크고 화려한 꽃을 더 돋보이게 해주는 것만이 서브 식물의 역할은 아니다. 그들만의 매력이 있다.

꽃이 피는 시기는 식물마다 차이가 있지만 1년을 그들의 삶으로 본다면 아주 잠깐만 꽃을 피우고 대부분의 생을 꽃이 없는 채 보낸다. 사실 우리는 그 시기를 더 많이 보게 되는데, 관심이 온통 꽃에만 쏠려 있어서 꽃이 없는 동안 그들의 삶이 어떤 모습을 하고 있는지 알아차리지 못하곤 한다. 땅에서 새 잎이 나오고, 줄기가 중력을 거슬러 위로 자란다. 연한 연둣빛은 짙은 색으로 변하고, 연하던 줄기가 강하고 꼿꼿해진다. 이른 봄물을 머금기 시작하는 애기기린초 잎은 초록으로 통통해져 동그랗게 모양을 잡는다. 여름에 노랗게 꽃핀 기린초보다 이른 봄의 귀여운 초록들의 웅크림이 더 사랑스럽다. 땅에 붙어 올망졸망 돋아나는, 무늬를 가진 잎이 장미꽃처럼 탐스러운 큰잎꿩의비름 '프로스티몬' 새싹도 귀엽기 짝이 없다. 벚꽃이 필 즈음 잎이 새록새록 돋는 황금중산국수나무의 잎은 멀리서 보면 마치 개나리꽃처럼 밝게 빛난다. 보송하게 털 달고 똬리를 트는 관중의 새순도 봄의 시작을 알린다. 활짝 핀 수선화와 튤립 꽃들 사이에서 이들은 생명의 신선함을 선사한다.

꽃이 지고 난 후 검고 진한 씨앗이 맺힌 씨앗주머니는 또 어떤가? 양귀비꽃이 지고 나면 둥근 얼굴에 짧게 자른 곱슬머리를 한 씨앗 주머니가 꽃만큼 앙증맞다. 꽃이 예쁘진 않아도 수크령은 가을이 되면 깃털 뭉치를 나풀댄다. 저녁 해를 등지고 반짝이는 그 모습이 꽃만큼이나 아니, 꽃보다 더 아름답다. 친하게 지내는 한 정원사에게 이런 이야기를 했더니 노래 한 소절을 불러준다. "꽃처럼 한철만 사랑해줄 건가요 그대여." 꽃이 피는 한철만 사랑받아 마땅한 식물은 어디에도 없다. 꽃과 함께 잎도, 열매도, 씨앗도, 한해를 보내며 사라져가는 모습도 사랑해주면 정원에서도 교향곡의 스펙터클을 경험하게 될 것이다. 진정한 계절의 변화는 때가 되면 피는 꽃에서가 아니라 초록 생명들의 변화의 리듬에서 느낄 수 있다.

평온하게 울리는 바순의 소리에 귀 기울이듯 정원을 바라본다.

정원사의 작업실 2

정원의 클라이맥스, 가을꽃

지루했던 장마구름이 비켜서자 숨었던 하늘이 파란 얼굴을 드러낸다. 찌는 듯한 더위에 숨막혀 지내다가 아침저녁으로 바람이 상쾌해지면 드디어 여름내 애타게 기다리던 가을로 접어드는 신호이다. 늦은 오후까지 해가 쨍쨍 하다가도 금세 저녁의 어둠이 찾아온다. 어느덧 한 해도 반을 지났다.

"얼마나 본다고 가을에 꽃을 심어요?" 가드닝을 봄의 산물로만 생각한다면 이런 질문을 할 수 있다. 가을의 정원에서 얼마나 많은 일을 준비하고 즐길 수 있는지 잘 모르기 때문이다. 아직 찬란한 노을 빛과 아름다운 가을꽃이 만들어내는 정원의 클라이맥스가 남아 있다. 또 한 가지, 가을 동안 바쁘게 움직여야 이듬해 봄을 제대로 즐길 수 있음도 잊지 말자.

스토케시아, 켈로네 같은 개성 강한 얼굴의 여름꽃에서 호북바람꽃, 구절초, 층꽃나무, 푸르푸레움등골 같은 줄기가 하늘거리는 가을꽃으로 바톤터치 하는 시기에는 초록의 나뭇잎도 노랗고 발갛게 옷을 갈아입는다. 때맞춰 피는 그라스류의 꽃은 멀리서 보면 안개에 물감을 푼 듯, 희뿌연 가을 정취를 머금는다. 수크령 털뭉치와 나래새 이삭이 가을 저녁노을에 비친 정원은 은은하고 잔잔하게 일렁이며 한 단계 낮은 채도의 풍경화를 담아낸다. 가을 화단은 좀새풀, 파니쿰과 에키네시아, 큰잎꿩의비름, 가우라, 풍접초, 버들마편초가 어우러지며 염료에 물든 천이 물결치듯 바람에 출렁인다.

» 청명하고 차가운 공기의 늦가을 하늘 아래, 스콧티슬*Onopordum acanthium*은 씨앗을 솜방망이처럼 달고 있다.

» 1 청수크령*Pennisetum alopecuroides f. viridescens* Ohwi
2 삼잎국화*Rudbeckia laciniata* L.   3 구절초*Dendranthema zawadskii* var. *latilobum* (Maxim.) Kitam.

° 가을 하면 떠오르는 대표적인 꽃이 국화이다. 코스모스, 벌개미취, 쑥부쟁이, 구절초, 루드베키아, 솔잎금계국 등은 모두 국화과 식물이다. 서리를 두려워하지 않는 꿋꿋한 절개인 오상고절(傲霜孤節)로 표현되는 국화는 겨울 목전까지 피고 진다.

° 버들마편초, 큰잎꿩의비름, 층꽃나무, 호북바람꽃과 같이 오랜 기다림 끝에 피는 가을꽃들도 놓치지 말고 정원에 심자.

» 1 나무수국 *Hydrangea paniculata*   2 자주꿩의비름 *Hylotelephium telephium*
  3 버들마편초 *Verbena bonariensis* L.   4 숙근양귀비 *Papaver orientale* L. 의 씨앗주머니

° 꽃이 지고 난 후 씨앗이 맺히는 결실의 시기, 수확의 적기가 바로 가을이다. 씨앗을 고스란히 매달고 있는 주머니는 꽃과 함께 정원을 풍성하게 한다. 양귀비의 단단한 씨앗주머니, 복슬복슬한 털송이를 달고 있는 천인국 씨앗, 로즈힙이라 불리는 장미의 열매는 나무에 익어가는 열매만큼이나 정원의 풍년을 말해준다.

° 참억새, 파니쿰, 수크령을 정원에 심었다면 바로 가을이 그 빛을 볼 때이다. 그라스의 백미를 담은 가을 정원을 위해 꽃식물 사이사이에 그라스를 심어보자.

겨울 정원을 대하는 우리의 자세

사계절이 아름다운 정원이라도 겨울은 항상 고민거리이다. 흐드러지게 피던 꽃도 모두 지고 초록 잎마저 흔적을 감춰버리니, 대체 겨울의 정원에서는 무엇을 봐야 할까. 그러나 쓸쓸한 풍경의 겨울 정원을 거닐다 보면 그때만의 정취에 빠지곤 한다. 화려한 순간을 모두 흘려보내고 흥분을 가라앉힌 겨울의 정원에서는 자연스레 깊은 사색에 빠져든다. 우리의 인생도 그렇듯, 열심히 달렸다면 한숨 돌리며 쉬어가는 때가 정원의 겨울이다.

겨울에도 잎이 남아 있는 회양목, 사철나무, 소나무와 같은 상록수는 겨울 정원의 형태를 유지하는 기본이 된다. 초본식물 가운데도 겨울에 잎이 남아 있는 종류가 있다. 대표적인 것이 맥문동. 여름에서 가을까지 꽃이 피고 열매가 맺히는 데다 그늘에서도 강하기 때문에 대표적인 조경용 초화 수종이다. 잎에 무늬가 있는 무늬 맥문동, 잎이 검은 빛을 띠는 흑룡은 잎의 무늬와 색감이 독특하다. 이 밖에도 사초, 백리향, 기린초, 수호초, 빈카, 마삭줄, 줄사철 등 잎이 상록인 것들도 겨울 정원의 메마른 흙을 채울 수 있으니 정원의 자리를 일부 할애하는 것이 겨울 정원을 위한 배려이다.

식물을 감상하는 시선이 아닌 식물의 일생을 이해하는 시선으로 바라본다면, 겨울 정원에도 많은 보물이 숨어 있음을 알게 된다. 길게 드리우는 겨울 태양을 등지고 무성하게 달렸던 잎을 모조리 떼어버린 나뭇가지의 실루엣을 바라보면 그제야 나무의 본 모습이 눈에 명확히 들어온다는 느낌을 받는다. 그라스류 또는 다년생 초화류의 잎과 줄기에는 이제 화려한 색감도, 푸른 싱그러움도 남아 있지 않지만 참억새, 수크령의 깃털은 여전히 보슬보슬 바람에 날리고, 에키네시아, 에린지움, 루드베키아는 꽃이 지고 난 자리에 씨앗이 새카맣게 익어간다. 사람의 손을 타지 않는다면, 씨앗은 그렇게 누런 줄기에 매달려 겨울을 보낸다. 정원의 식물들이 1년을 정리하며 남긴 흔적을 자연의 변화로 바라보는 시선이 겨울 정원을 대하는 우리의 자세이다.

» 잎을 모두 떨구니 그제야 메타세콰이아 *Metasequoia glyptostroboides*의 균형 잡힌 몸매가 드러난다.

◦ 밝은 색감의 모로위사초(*Carex morrowii* 'Fisher's Form')와 짙은 색으로 깊이감을 가진 맥문아재비 속 흑룡(*Ophiopogon planiscapus* 'Nigrescens')이 부드러운 질감으로 어우러져 있다. 이들의 대조적인 색감은 초록이 쏙 빠진 겨울 풍경에서 유독 눈에 띈다.

◦ 말채나무의 줄기 색은 잎이 모두 떨어진 이후에 더욱 도드라진다. 자작나무의 줄기 색 또한 청명하고 차가운 겨울 하늘을 배경으로 깊은 정취를 만들어낸다.

◦ 새빨간 낙상홍, 보라색 진주 구슬 같은 좀작살나무의 열매는 겨울 정원의 보물이다. 특히 힘겹게 겨울을 나는 새와 야생동물의 먹이가 되니 정원의 겨울은 자연에게 되돌려주는 나눔의 시간이 된다.

» 1 모로위사초, 흑룡 2 흰말채나무의 붉은색 줄기 3 낙상홍 열매 4 좀작살나무 열매

○ 씨앗이 까맣게 익어 달려 있는 씨앗주머니는 마른 잎사귀, 줄기와 어우러져 겨울만의 정취를 자아낸다. 남아 있는 줄기와 잎은 겨울의 건조함과 지표면의 냉기를 이겨내는 데 도움을 주므로 남겨두는 것이 좋다. 마른 가지와 줄기를 겨울에 실컷 즐겼다면, 이듬해 이른봄 뿌리에서 새싹이 올라오는 시기에 맞추어 잘라준다.

○ 큰 꽃이 매력적인 수국의 꽃대를 자르지 않고 겨울을 보낸다면, 꽃이 시들어 말라가는 오묘한 매력을 즐길 수 있다.

» 1,2 겨울 정원에 남은 수국의 꽃
3 천리포수목원 '무늬원'의 초겨울 풍경

공기 청소부,
실내 식물

몇 년 전 국내의 한 연구기관에서 원예식물 92종을 허브류, 관엽류, 자생식물 등의 여덟 그룹으로 분류해 음이온 발생량이 우수하고 실내 습도를 올리는 데 효과가 있는 식물을 선정해서 발표했다. 관엽류는 행운목, 셰프렐라, 마삭줄, 무늬털머위, 허브류는 장미허브, 제라늄, 자생식물로는 돈나무, 다정큼나무, 만병초, 난류는 심비디움, 양치류는 봉의꼬리 등이 이에 속한다. 여기에 포함되지는 않았지만, 나사(NASA)가 선정한 실내공기정화식물 1위는 아레카야자이다. 아레카야자는 높이가 1.8미터일 경우 증산작용으로 공기 중에 약 1리터의 수분을 방출할 정도로 실내 습도 조절에 탁월하다고 한다.

이런 식물은 실내 온도 조절뿐만 아니라 포름알데히드, 이산화탄소, 미세먼지 등을 흡수하여 실내 공기를 쾌적하게 하는 데 도움을 준다. 일산화탄소가 발생하는 주방, 암모니아가 많이 나오는 화장실 같은 곳에 두면 이들이 유해 가스를 흡수하는 효과를 볼 수 있다.

실내에서 식물을 키울 때에는 빛, 수분, 통풍의 환경적 조건을 맞춰줘야 한다. 대부분의 식물은 하루 일조량이 가장 좋고, 통풍이 잘 되는 창가나 베란다에서 키우는 것이 알맞다. 하지만 네프로레피스 같은 고사리류나 필로덴드론, 싱고니움 등은 강한 빛보다 반그늘을 좋아하기 때문에 서향이나 북향에서도 키울 수 있다.

» 스킨답서스(왼쪽 위), 칼라테아(오른쪽 위), 구즈마니아(왼쪽 아래)

How-Tos

○ 칼라테아 속 식물은 잎의 색감과 무늬가 다양하고 독특하다. 칼라 펜으로 기하학적 문양을 그려넣은 듯하고, 잎의 앞면과 뒷면이 도드라진 색 대비를 보이기도 한다.

○ 관엽식물은 꽃보다는 잎의 색감과 모양, 질감을 주로 관상하는 게 포인트다. 몇 가지 관엽식물을 모아 심으면 다양한 잎의 모습들을 감상할 수 있다. 인테리어 면에서 효과를 높이기 위해서는 화기의 선택도 중요하다. 화이트 톤의 실내라면 무채색 화기나 반대로 강렬한 색감의 화기로 포인트를 줄 수 있다. 앤티크한 느낌의 실내에는 철제, 스톤 재질의 화기가 잘 어울린다.

» 1 마예스티카칼라테아 '로세오리네아타' *Calathea majestica* 'Roseo-Lineata'(위쪽), 로세오픽타칼라테아 *Calathea roseopicta* (Linden) Regel(오른쪽 아래)
2 마코이아나칼라테아 *Calathea makoyana* E. Morren 3 제라늄

° 실내 식물 가운데 꽃이 오래 지속되는 제라늄(*Pelargonium inquinans* Aiton)은 인기가 좋은 품종이다. 습도 조절 기능도 탁월하지만, 병충해에 강해 키우기 어렵지 않다.

전략적인 화장술이
돋보이는 난

난을 한참 들여다보고 있으면 꽃 속의 오묘한 마법에 빠져드는 느낌이다. 그 화려한 빛깔과 형태는 우리보다 곤충에게 더욱 매력적일 것이다. 난 꽃의 모양과 무늬에는 벌과 나비가 꽃가루를 운반하도록 유인하기 위한 고도의 전략이 숨겨져 있다. 특히 오프리스의 입술꽃잎은 꽃가루를 나르는 벌과 흡사해 보여 곤충을 착각하게 해 꽃으로 불러들인다. 세 장의 꽃받침과 세 장의 꽃잎으로 구성된 꽃 중 화려한 입술꽃잎과 벨라멘층(velamen, 난과식물의 뿌리를 덮고 있는 스펀지 모양의 표피로 수분을 저장하는 역할을 한다)이 있는 굵고 매끈한 뿌리가 난을 구분 짓는 대표적인 특징이다.

대부분의 식물이 그렇듯이 난도 1년에 한 번 꽃을 피운다. 크고 화려한 꽃 때문에 절화(cut flower, 꽃자루나 꽃대를 잘라 꽃다발이나 꽃바구니 등에 이용하는 꽃) 대용으로 사용되기도 하는 서양란은 유독 꽃이 지고 나면 금세 관심 밖으로 밀려난다. 만약 난이 꽃을 피우지 않는다면 빛이 부족할 가능성이 가장 크다. 빛은 꽃이 피는 데 지대한 공을 세우는데, 단시간에 강한 빛을 받는 것보다 지속적으로 빛을 받는 것이 꽃을 피우는 데 유리하다. 이런 점에서 실내에서 서양란을 키울 때에는 아침에 햇빛이 잘 드는 동쪽이나 남쪽 창가에서 키우는 게 좋다. 다만 직사광선이나 강한 빛은 잎 조직을 손상시킬 수 있으므로 한여름의 햇살은 주의해야 한다.

» 난은 크게 착생란과 지생란으로 구분한다.
착생란은 흙이 아닌 바위나 다른 식물의 표면, 나무껍질에 붙어 자란다.

○ 난을 심어 키울 때 가장 염려해야 할 것은 뿌리의 통풍이다. 바크, 난석, 수태 등은 뿌리의 통풍을 돕는 토양으로 동양란, 서양란을 심을 때 사용된다. 반다의 경우에는 뿌리를 노출시킨 채로 공중에 걸어서 키우기도 하고, 풍란은 바위나 나무 기둥에 부착시켜 키운다. 이때에는 스프레이로 수분을 자주 공급해서 건조해지지 않도록 해야 한다.

○ 테라리움이란 라틴어의 '테라'(terra, 땅)와 '아리움'(arium, 용기)의 합성어. 밀폐된 용기 속에 흙이나 자갈을 채워 식물을 가꾸는 것을 말한다. 주로 유리 화기를 이용하여 안이 훤히 들여다보이기 때문에 유리 속에 자연을 담아 보는 듯한 신비감을 준다. 난을 키울 때에는 습도가 50퍼센트 이상 되어야 하는데, 유리 화기 안은 습도와 온도가 비교적 일정하게 유지되기 때문에 난을 테라리움으로 응용하기 좋다. 또한 난과 마찬가지로 착생식물인 고사리, 이끼류 식물을 돌, 나무 껍질, 산호 틈이나 표면에 부착하여 유리화기에 넣으면 숲 속 생태계를 재현한 테라리움을 완성할 수 있다. 통풍을 위해 입구가 오픈된 유리 화기를 이용하고, 스프레이로 적정한 습도를 유지하며 키운다.

» 잎란의 굵은 뿌리에는 벨라멘층이 있어 수분을 저장한다.

화분에서 가꾸는
작은 정원

아파트와 주택으로 빽빽한 회색 도시에서 우리 집 앞마당, 우리 집 정원이란 딴 동네 이야기로 들릴 수 있다. 물론 집에 텃밭이라도 가꿀 만한 작은 땅이 있다면 정원일은 좀 더 쉽게 시작될 수 있다. 그러나 땅이 없어도 정원일을 시작할 방법은 얼마든지 있다. 바로 화분이 그 답이다. 컨테이너, 플랜터라고도 하는데, 화분은 쉽게 말해 식물을 가꾸기 위해 별도로 만든 그릇 또는 공간이다. 화분의 깊이와 너비, 화분이 놓일 위치 등은 심고 싶은 식물에 따라 달라진다. 화분을 구성하는 재질 또한 목재, 돌, 판석, 플라스틱, 철재 등 다양한데, 인테리어를 감안해서 고르면 집 안 공간과 전체적으로 조화를 이룰 수 있다.

작은 공간을 효율적으로 사용하려는 아이디어가 샘솟는 곳이 도시 속 우리 터전이다. 식물의 보금자리도 다를 바 없다. 아무리 작은 공간이라도 개성을 살린 식물의 터전을 만들어 우리가 지내는 보금자리에 초록의 기운을 안겨 주자.

○ 화분을 이용해 미니 정원을 만들어보자. 우선 간단하게라도 종이에 스케치를 하는 것이 머릿속으로만 생각하는 것보다 몇 배는 도움이 될 것이다. 식물이 다 자랐을 때의 형태나 크기 등을 고려해야 각각의 식물을 심을 위치와 수량을 결정할 수 있다. 스케치를 할 때 정확한 축적으로 그리기 어렵다고 해도 각각의 식물의 높이와 차지하는 비율 등은 얼추 맞도록 신경 써야 한다.

○ 나무 상자로 만들어진 와인 박스가 변신하면 빈티지한 느낌의 샐러드 채소 가든이 탄생한다. 와인 박스와 같이 목재를 이용할 경우에는 무엇보다 물빠짐이 잘되도록 화분 바닥에 배수판이나 난석을 충분히 깔아주는 것이 좋다. 목재는 물이 닿으면 썩기 때문에 영구적으로 사용하기 어렵다는 단점이 있지만, 내추럴한 감성을 살리기에는 더없이 좋다.

○ 다양한 모양의 토분에 각기 다른 식물을 심어 옹기종기 모아보자. 현관 앞에 작은 정원이 탄생한다. 열매를 따먹거나 잎을 먹을 수 있는 식물을 심어도 좋다. 블루베리의 뿌리는 땅 표면 아래 20~30센티미터 이내에 주로 분포하기 때문에 넓은 화분에 심는 것이 좋다. PH4~5에서 잘 자라는 대표적인 산성 식물로, 산성을 띠는 토양인 피트모스를 사용하는 것이 바람직하다.

○ 허브를 화분에 심을 때 가장 유념할 점은 토양의 물빠짐이다. 입자가 굵은 세척모래를 섞어주거나(바닷모래는 염분의 피해를 입기 때문에 절대 사용하지 않는다) 간편하게 구입할 수 있는 가는 마사토를 사용한다. 이때 마사토는 되도록이면 물에 씻거나 체에 걸러 뭉쳐진 흙을 제거해야 한다. 물과 닿으면 단단하게 굳어 배수나 수분의 흡수를 방해하는 요인이 되기 때문이다.

○ 식물마다 다른 환경적 태생을 고려해 화분을 선택하면 어색한 매치를 피할 수 있다. 돌 틈에서 잘 자라는 다육식물과 고산식물은 돌로 만든 화분과 잘 어울린다. 다육식물을 돌 화기에 심고 자갈과 가는 모래를 더하면 미니 암석원이 만들어진다.

○ 재활용 용기도 똑똑한 화분으로 탈바꿈할 수 있다. 흙을 담고 식물이 자랄 공간만 확보된다면 재미있고 다양하게 연출할 수 있다.

○ 화분이 꼭 단단해야 할 이유는 없다. 합성 패브릭 소재로 만들어진 포켓형 화분은 실내 벽걸이용으로 그만이다. 층층마다 작은 구멍이 뚫려 있어 주머니에 고인 물은 자연적으로 아래 칸의 식물에 공급된다. 질감과 색감이 다른 식물들을 다양하게 심는다면 작은 숲에 온 듯한 효과를 줄 수 있다.

물에 담긴 작은 연못, 수반

겨울철 실내 공기가 건조해 목이 칼칼하다면 미니 연못을 추천한다. 가습기 역할을 톡톡히 해낼 것이다. 넓고 오목한 화기에 물을 담아 물에서 잘 자라는 식물을 심어 실내에 두고 키우면, 건조한 정도에 따라 차이가 있겠지만 밤사이 눈에 띄게 줄어드는 물 높이를 보고 미니 연못의 기능을 확인할 수 있을 것이다. 또한 보통의 화분과는 다른 독특한 실내 장식이 될 수 있다.

그렇다면 물과 친한 식물에는 무엇이 있을까? 물과 친한 식물은 크게 수변식물, 수생식물로 분류하고, 수생식물은 정수성식물, 부엽식물, 침수성식물, 부유식물로 세분화된다. 정수성식물에는 뿌리는 물속 땅에 박고 살며 줄기와 잎의 일부가 물 위에서 자라는 줄, 부들, 붓꽃, 속새 등이 있고, 부엽식물은 잎이나 꽃이 물에 뜨는 식물로 수련, 연꽃 종류가 대표적이다. 침수성식물이란 식물의 모든 부위가 물에 잠기는 물수세미, 검정말, 새우가래 등을 말한다. 뿌리를 포함해 모든 기관이 물 위에 떠서 사는 부레옥잠, 물상추, 생이가래는 부유식물로 물에 잘 떠오르기 위해 잎 뒷면에 공기 주머니가 형성되어 있다.

물의 고즈넉함은 심리적 안정감을 주지만 동시에 물이 떨어지는 소리, 흐르는 소리는 역동적인 즐거움을 주기도 한다. 두 가지 면을 모두 지닌 물을 활용하면 오감을 일깨우는 공간을 만들 수 있다.

» 모네의 정원에서는 그의 작품에 그려진 수련과 다리를 볼 수 있다. 물과 주변의 식물이 그려낸 물그림자와 운치 있는 다리는 로맨틱한 공간을 자아낸다.

How-Tos

° 모네가 〈수련〉 연작을 완성한 곳은 그가 직접 가꾸던 연못 정원이었다. 물가에는 버드나무, 아스틸베, 호스타 등의 수변식을, 수심이 얕은 물속에는 수련, 붓꽃, 탈리아 등의 수생식물을 심고, 연못 주변의 산책로에는 대나무, 장미 등을 심어 연못과 그 둘레의 정원에 많은 애정을 쏟은 흔적이 보인다. 연못의 전경이 한눈에 들어오는 일본풍 다리에 서서 바라보면 수련의 그림자가 잔잔한 물 위에 드리워져 마음이 편안하고 고요해진다.

° 넓적한 화기는 진흙을 이용해 식물을 심고 물을 채워 작은 연못인 수반으로 탈바꿈시킬 수 있다. 먼저 중간 크기의 돌과 자갈로 물 바닥을 자연스럽게 조성하며 물 깊이가 다양해지도록 해준다. 수생식물을 자리를 잡아 심고, 흙이 수면에 둥둥 떠다니지 않도록 마사와 자갈로 흙 표면을 얇게 덮은 후 물을 채운다. 처음 물은 흘려버리고 두 번째 물은 잠잠하게 가라앉을 때까지 차 한잔 마시며 기다리자. 맑은 물을 보게 되면, 물이 깊은 곳을 택해 부유성식물을 띄운다. 맑고 깨끗한 물에 수생식물 그림자와 돌의 굴곡이 드리워진 작은 연못이 완성된다.

» 수반에 심기 좋은 수생식물은 물수세미, 파피루스, 워터칸나, 물상추 등이 있다.

우리 집 정원,
내 손으로 만든다면

지난겨울, 작업실 창문 너머 멀리 새하얀 석재로 둘러진 2층 집이 순식간에 우뚝 섰다. 작업실에서도 2층 테라스에 자리한 소나무 한 그루가 눈에 띄어 우리는 그 집을 '소나무 집'이라고 불렀다. 벚꽃이 피기 전인 이른 봄, 소나무 집 주인에게서 작업실로 전화가 걸려왔다.

소나무 집에는 은퇴한 지 얼마 안 된 노부부가 살고 있었다. 두 분은 소나무를 비롯한 큰 나무 몇 그루에 잔디만 깔려 있는 지금의 정원이 생애 처음 갖는 정원인데 생각했던 것보다 많이 부족하다고 하셨다. 가만히 듣고 있자니 정원을 가꾸는 일에 관심이 많은 분들이었다. 두 분은 정원 디자인과 시공을 의뢰해오셨지만 나는 조심스레 직접 정원을 만들어가시는 게 어떻겠느냐고 제안했다. 일주일이 지나 부부가 다시 작업실을 찾았다. 의논 끝에 정원을 손수 만들어보기로 결정하셨단다. 제안을 받아들이셨으니, 이제 현실적인 고민거리를 안겨드려야 할 차례였다. "땅을 파야 하고, 무거운 돌도 날라야 하고, 많이 힘드실 겁니다. 괜찮으시겠어요?" 꽃과 나무를 심는 일이라는데 감수하지 못할 이유가 없다 하신다. 힘쓰는 일은 남편분이, 꽃 심는 일은 아내분이 도맡기로 하고 본격적으로 정원 만들기가 시작되었다.

첫째 날은 생각보다 고된 작업이 이어졌다. 우선 잔디가 깔린 곳 일부에 화단을 만들기 위해 잔디를 걷어내고 땅을 파헤친다. 분리대로 화단과 잔디의 경계를 명확하게 구분 지어주자 큰 그림은 그려진 듯하다. 다음 날 몸이 쑤신 곳은 없는지 안부를 물으니, 오랜만에 몸을 움직여 개운하기까지 하다고, 거뜬하시단다.

둘째 날은 바닥 포장이다. 동선을 따라 디딤돌을 놓는다. 돌의 질감과 색감은 정원 전체의 분위기에 맞게 선택해야 하는데, 다양한 재료를 접하지 못한 경우에는 선택이 쉽지 않으므로 전문가의 조언을 참고하는 것이 좋다. 디딤돌은 안정되게 밟고 지나 다닐 수 있도록 두툼한 것을 선택하는 것이 좋다. 수평을 맞춰가며 자연스러운 모양으로 디딤돌을 놓는 것이 포인트다. 잔디가 깔린 기존 통로에 자동차 한 대를 세울 만한 공간을 만든다고 하니 차가 세워져 있지 않은 동안에도 어색하지 않도록 고심해야 한다. 차 바퀴가 닿는 부분에는 무게가 족히 쌀 한 가마니는 될 판석을 열 장 놓는다. 아무래도 직접 설치하기에는 무리라 기술자의 도움을 받기로 한다.

덩굴식물이 타고 올라갈 오벨리스크 구조물 설치를 마치니 정원의 윤곽이 어느 정도 살아난다. 바닥과 수직을 이루는 시설이 설치되고 나면 그제야 식물을 심는다. 키 큰 나무에서 키 작은 나무, 초화류 순서대로 심어나간다. 가족들이 좋아하는 살구나무, 손자와 손녀가 놀러와서 따먹을 블루베리, 아내분이 좋아하는 미스킴라일락이 자리를 잡는다. 겨울 경관을 고려해 줄기의 색감이 또렷한 말채나무, 겨울에도 잎이 푸른 상록수도 심는다. 전체 나무에서 30퍼센트 정도를 상록수로 심으면 겨울 정원의 삭막함을 덜 수 있다.

초화류는 계절감을 표현하고 정원을 풍성하게 하는 감성적인 소재이다. 어떤 식물을 어디에 배치하고 어떻게 조합하는가에 따라 색다르고 개성 있는 정원이 연출될 수 있다. 평소에 좋아하는 꽃이나 관심을 갖게 된 꽃을 골라 심어보거나, 정원에서 건강하게 살아갈 수 있는 식물의 리스트를 만들어 논리적으로 계획을 하는 것도 좋다. 관리에 대한 부담을 줄이기 위해서는 건조함에 강하거나 생육 조건이 까다롭지 않은 식물을 선택하고, 정원일에 흥미가 있다면 다양한 식물을 시도하면서 씨앗도 뿌리고 열매도 얻는 활동까지 기대해볼 수 있다.

정원에 오래 머물기 위해서 이겨내야 하는 것이 하나 남았다. 바로 벌레와의 친숙함, 해충과의 싸움이다. 등에 스물여덟 개의 점박이가 있는 무당벌레는 물리쳐줘야 하지만 그렇지 않은 무당벌레는 그냥 둬도 좋다는 것을 깨우치기까지 정원에 살고 있는 많은 벌레들과 친해질 필요가 있다. 벌레를 보고 소스라치게 놀라지 않을 수 있어야 해충을 만났을 때도 효과적으로 대처할 수 있게 된다. 나무와 꽃을 공격하는 해충을 박멸하기 위해서는 적당한 시기에 적당한 양의 약을 뿌리는 것이 가장 중요하다. 특히 나무를 심은 후에는 주의 깊게 관심을 쏟으며 정성스럽게 보살펴야 한다.

소나무 집에서 함께한 5주 동안의 정원 만들기가 끝나고 일주일 후, 정원의 상태를 점검한다는 명목으로 방문해 테라스에서 즐거운 티타임을 가졌다. 살랑 불어오는 봄바람이 라일락 향을 코끝까지 실어 나른다. 은퇴 후 몇몇 취미로 새롭고 즐거운 나날을 보내고 있는 집주인분들에게 정원일만은 취미가 아닌 생활의 일부로 자리잡기를 바란다. 내 손으로 심은 나무에서 열매를 따먹고, 내 손으로 깐 돌길을 한가로이 거닐고, 내 손으로 가꿔가는 정원에서 살구꽃보다 예쁜 하하호호 웃음꽃을 피우는 삶, 모두가 바라는 삶이 아닐까.

° **디딤돌을 깔자** 잔디를 상하지 않게 하고 화단의 흙을 밟지 않으려면 바닥에 단단한 재료를 깔아주어야 한다. 쉽게 사용할 수 있는 재료는 디딤돌이다. 돌은 종류에 따라 모양, 색감, 질감, 크기가 다양하다. 보폭을 고려해서 바닥에 안정적으로 자리 잡을 수 있게 놓아야 디딤돌이 제 기능을 할 수 있다.

° **식물이 모여 살 수 있는 화단을 만들자** 정원 한곳에 장소를 정해 좋아하는 식물을 모아 심어보자. 때가 되면 무리 진 식물들이 어우러져 꽃 피어 완성도 있는 정원의 모습이 갖춰진다. 철재, 목재, 벽돌, 석재 등 다양한 재료로 화단을 구분 지을 수 있다.

° **고됨은 절반 효과는 두 배, 도구를 이용하자** 돌이 많은 우리나라 땅에서 호미는 요긴한 정원 도구로 자리매김했다. 그러나 좀 더 다양한 도구들과 올바른 사용법을 알아두면 효율적으로 몸을 움직이며 정원일을 할 수 있다. 특히 니패드는 잡초를 뽑거나 식재를 할 때 허리에 부담을 줄여줄 수 있으므로 적극 추천한다. 도구를 선택할 때에는 사용법이 자신에게 맞는지와 함께 본인의 키와 힘을 고려해야 한다.

° **함께라면 더 좋은 정원일** 주말에 가족 모두가 함께 만들어가는 정원이라면 어떨까? 친구들과 이웃이 함께 만드는 정원은 의미가 남다르다. 함께 만드는 재미, 공유하고 나누는 기쁨의 공간이 될 수 있다.

3

정원사, 일요일 아침꽃 한 다발

Gardeners

Green Thumb

생활속에서
누리는
일상의 정원

흔히들 영국식 정원을 자연 풍경식이라고 한다. 현란한 평면적 패턴으로 화려함을 자랑하는 프랑스식 정원, 언덕이 있는 지형적 특징을 살린 이탈리아의 계단식 정원과는 분명히 차별된다고 할 수 있다. 자연 풍경식이 자리 잡기 전인 17세기에는 영국에서도 유럽의 다른 나라들과 마찬가지로 화려하고 평면적인 화단이 유행했다. 그러나 그들은 정원에 자연이 가지고 있는 풍광 이상을 그려내며 정원이 하나의 거대한 예술작품이 되기를 바랐고, 부자연스러운 화려함에 싫증을 낸 영국인들에게 당시 유행하던 풍경화를 그대로 옮겨놓은 듯한 정원은 새로운 문화로 다가왔다. 그리고 그들은 자연을 만들었다. 그것도 아주 정교하고 계산적으로.

영국의 풍경식 정원은 넓은 목초지와 이어진 광활한 공간이 인상적이다. 그래서일까? 영국에서 공부를 할 때 여유를 두고 산책하고 싶거나 한가한 오후를 보내고 싶으면 화단이 잘 조성된 정원보다 가까이 있는 풍경식 정원인 페인스힐 공원(Painshill Park)을 찾곤 했다. 영국의 대표적인 풍경식 정원이라고 하면 스

타우어헤드 가든(Stourhead Garden), 스토우 가든(Stowe Garden), 클레어몬트 가든(Claremont Landscape Garden)을 들 수 있다. 오랜 세월이 깃든 저택, 주변으로 호수, 언덕길, 미로 정원, 산책로가 이어진다. 인공 호수를 만들기 위해 파낸 흙으로 쌓은 언덕들 둘레로 굽이치는 길을 따라 걷다 보면 어느 순간 시야가 터지면서 저 멀리 언덕 위의 건축물이 시야 한가운데로 들어온다. 정원의 경관을 한눈에 담을 수 있는 언덕에는 고대 그리스의 판테온을 본딴 건축물이나 웅장한 돔형의 터키식 건축물이 우뚝 솟아 있다. 이 우연한 발견은 사실 정확한 계산 하에 만들어진 것이다. 가까운 시선의 나무에 멀리 있는 나무가 겹쳐 들어오고, 그 나무들은 다시 더 멀리 언덕 너머로 보이는 판테온에 주목하게 하는 테두리가 되어 결국 눈앞에 액자에 담긴 한 폭의 풍경화가 그려진다.

영국 정원의 또 다른 특징은 색채가 매우 화려하다는 것이다. 마치 꽃다발을 두 팔로 한 아름 휘감고 있는 듯한 느낌이 들 정도이다. 영국의 작은 정원을 떠올릴 때 집 앞뜰과 뒤뜰에 화려한 계절 꽃들이 피어 있는 모습을 가장 먼저 머릿속에 그리게 되는 것도 영국 정원이 초화류의 조화를 중시하기 때문일 것이다. 영국은 일찍이 식물 자원의 중요성에 눈을 뜨고 미지의 세계까지 손을 뻗었다. 세계의 다양한 식물을 수집, 채집하고 종자 및 품종을 개량, 개발하는 데 많은 노력을 기울였다. 그 결과, 지금은 정원에 심을 수 있는 수백 가지의 씨앗이나 모종을 일반인들도 쉽게 구할 수 있게 되었다.

정원에서 꽃을 심고, 화단을 만들고, 데드헤딩을 하고, 전정을 해주는 일들을 행복한 취미 생활로 삼는 영국인들의 생활양식 또한 꽃 화단을 보편화하는 데 기여했다. 영국에서 지낼 당시 어쩌다 지방을 여행할 기회가 생기면 아침에 일찍 일어나 마을을 산책하곤 했는데 집집마다 개성 있게 꾸며놓은 정원을 구경하는 일은 언제라도 즐거웠다. 정원에 심은 식물도 다르고 화단 모양도 제각각인 것이 라벤더 향기가 낮은 담을 타고 퍼지는가 하면 클레마티스가 한쪽 벽을 가득 채우기도 했다. 반면 독일이나 프랑스의 정원은 화단에서 초화류를 본격적으로 가꾸기보다는 채소와 과일 위주의 키친 가든이 성황을 이룬다. 독일 여행 중에 뉘른베르크에 사는 친구의 가족과 며칠 동안 함께 지낸 적이 있다. 그들은 아파트에 살았지만 걸어서 5분 거리에 클라인가르텐(kleingarten, 공유지나 유휴지의 일정 구간을 시민에게 분양한 정원)이라고 불리는 정원에서 자두나무를 비롯한 과일과 채소를 꽃과 함께 키우고 있었다.

영국 각지에서 열리는 플라워쇼의 문화를 들여다보면 영국에서 정원이 얼마나 보편적인지 실감할 수 있다. 영국인들은 관람만을 위해 플라워쇼를 찾지 않는다. 정원에 심을 식물을 쇼핑하는 것이 플라워쇼 방문의 큰 목적이다. 햄튼코트 플라워쇼 전시장 곳곳에는 등에 'plant porter'라고 씌어진 티셔츠를 맞춰 입은 학생들이 외발 수레를 의자 삼아 쉬고 있는 모습을 쉽게 볼 수 있다. 그들은 관람객이 구입한 식물을 기차역이나 주차장까지 운반해주는 아르바이트생들이다. 플라워쇼를 관람하러 온 영국인들은 바구니가 달린 수레를 끌며 여기저기 구경하다가 마지막에는 화분을 판매하는 천막에 들른다. 이미 그들의 바구니에는 갖가지 꽃들이 그득그득하다. 플라워쇼에서 본 정원과 식물에서 힌트를 얻은 이들은 집에 돌아가 자신의 정원에 어떤 변화를 시도할까 하는 설렘으로 얼굴이 발갛게 상기되어 있다.

일요일 아침 런던 콜롬비아 로드에서 열리는 꽃시장 거리 풍경은 활기차다. 아이가 탄 유모차 빈곳에 가득 실린 화분, 차 트렁크도 모자라 뒷좌석 창문 밖으로 삐져나온 꽃줄기, 자전거를 타고 온 청년의 가방 지퍼 틈으로 삐죽 얼굴을 내민 장미 한 다발. 심지어 거리 연주자의 기타 케이스에는 동전보다 꽃시장에서 사온 화분들이 더 많이 줄지어 있다. 일요일 아침 꽃다발을 들고 화분을 나르는 영국인들의 평범한 일상이 처음에는 무척 생소하고 흥미로웠다. 아내의 잔소리에서 탈출한 곳이 하필 정원이라는 영국 남편들의 푸념에서 시작된 가드닝이 이젠 그들의 생활에서 없어서는 안 될 중요한 일부가 되었다. 영국에서 살면서 정말 부러웠던 것은, 그곳에만 있는 식물도, 자연 환경도, 멋진 정원 디자인도 아니다. 생활에 녹아든 특별하지만 일상적인 그들의 정원 문화이다. 우리에게 꽃과 정원이 일상이기보단 아직은 소수에게 국한된 특별함에 가깝다는 점을 떠올릴 때면 더욱 그렇다.

정원이 누군가의 생활의 일부가 되기를 바라며 일을 하는 나조차 일상으로서의 정원을 잊고 지낼 때가 있다. 그러다 일에 지쳤을 때, 한숨 고르고 싶을 때, 자연스럽게 작업실 앞 화단의 잡초를 뽑고 마른 풀을 골라내고 있는 나를 발견한다. 내가 만들어가는 정원, 또는 함께 만들어가는 정원을 위해 고민하지만 결국 그 고민 속에서 위로를 받고 마음의 안정을 찾는지도 모른다. 자신의 삶에 들어와 있는 풀들로 자신만의 오롯한 일상을 가꿀 수 있는 정원, 그 속에서 위로받고 마음을 보살필 수 있는 정원이야말로 생활 속에서 누리는 정원이 아닐까.

Gardeners

이 곳 의
산 책 자 라 면

남편과 나는 둘 다 평소에는 말이 없다가도 나무나 풀을 보면 말수가 많아진다. 조금이라도 시간이 나면 산과 공원, 수목원에 다니기를 좋아하는데 뉴욕으로 신혼여행을 갔을 때에도 꼭 가야 할 곳 1순위로 둘 다 하이라인(High Line, 뉴욕의 고가 화물철길 위에 길이 1.6킬로미터로 조성된 시민공원)을 꼽았다. 아울러 조경사 시간에 귀에 딱지가 앉도록 들었던 프레드릭 옴스테드(Frederick Olmsted, 미국의 조경가)의 걸작, 센트럴파크를 감상하기 위한 최적의 방법으로 뉴요커처럼 조깅을 하기로 뜻을 모았다. 이른 아침 출근길에 나선 뉴요커들의 직진 물결 사이로 운동복을 입은 느긋한 동양인 커플이 끼어 있는 모습은 어색하기 짝이 없을 것이다.

센트럴파크는 조경인의 성지 같은 곳이라며 그곳으로 향하는 지하철 안에서 내내 남편은 흥분을 감추지 못했다. 당시만 해도 파격적이고 현대적인 설계 기법을 적용한 센트럴파크는 이후 조경 설계의 전범이 되었다. 옴스테드라는 걸출한 조경가가 디자인을 한 유명세도 있겠지만, 최첨단이 활개를 치는 복잡한 도

Green Thumb

시 뉴욕 한가운데에 시간이 두세 배는 느리게 흐르는 듯한 녹색 생태계가 있다는 사실이 조경을 전공한 모든 사람들을 설레게 한다고 했다. 덩달아 나 또한 기대와 흥분에 들떴다.

센트럴파크에 발을 딛기 전, 록펠러 센터 전망대에서 바라본 센트럴파크는 상상한 모습 그대로였다. 4월의 봄날, 파릇파릇한 생명이 움트는 녹색 섬. 그 섬 자체가 인간의 작품이니 설계자의 대단함에 겸허해질 수밖에 없다. 하지만 막상 센트럴파크에 들어가면 옴스테드의 직감적 설계를 이해하기 위해 창조자의 관점에서 내려다보려는 분석적이고 탐구적인 시선은 온데간데없이 사라지고, 자연의 위엄 앞에서 자신이 한낱 작은 풀에 지나지 않음을 깨닫는다. 그런데 그 기분이 나쁘지 않다. 자연스럽게 공원의 일부가 되는 느낌이 오히려 편안하다. 센트럴파크는 뭐랄까, 자연스럽게 만든 자연이라고 하는 게 맞을 것 같다. 130년 된 공원이라지만 그보다 훨씬 더 오래전, 원래부터 그곳에 있었다는 느낌이다. 산책로, 조깅로, 자전거 도로, 승마 도로 등 기능이 다른 여러 길이 얽혀 있지만 서로 충돌하지 않고 자연스럽게 연결되어 있다. 마치 자연스럽게 순차적으로 난 길들처럼. 언덕을 올라 빼곡한 나무 사이를 지나면 그때까지 보지 못했던 넓은 잔디 광장이 눈앞에 펼쳐진다. 스토우 가든이나 스타우어헤드 가든과 같은 영국 풍경식 정원과 비슷하지만, 빌딩 숲으로 에워싸인 배경은 전혀 다른 차원에서 자연의 위대함을 일깨운다.

프랑스의 베르사유 궁전(Chateau de Versailles), 영국의 큐 가든(Kew Garden), 이탈리아의 빌라란테(Villa Lante) 정원에도 가보았지만 센트럴파크는 그곳들에는 없는 매력을 지니고 있다. 그곳들은 잘 다듬어진 아름다움으로 감동을 준다면 이곳은 내 일상의 일부가 되기를 간절히 바라게 한다. 새벽에 조깅으로 몸을 풀고, 저녁이면 가족과 산책하며 간식도 먹고, 주말이면 잔디에 누워 여유를 부릴 수 있는 그런 곳. 도시 생활에서 벗어날 수 없는 도시인들이 염원하는 여유로운 일상이 가능해 보이는 곳이다. 높은 담장으로 둘러쳐져 있는 대부호 저택의 정원이 아무리 아름답다고 해도 모든 사람에게 열려 있는 이곳만큼 사랑스럽지는 않을 것이다. 센트럴파크를 걷는 내내 건너편으로 보이는 아파트에서 살고 싶다는 생각이 간절했다. 공원의 수많은 입구 중 어느 곳이 되었든 길 하나만 건너면 센트럴파크에 닿을 수 있다는 건 내가 상상할 수 있는 최고의 사치다.

센트럴파크가 도시의 자연 숲으로서 오랫동안 뉴욕의 오아시스가 되어주었다면 시민의 자발적 참여로 만들어지고 이끌어지는 곳이 있다. 바로 하이라인으로 뉴욕의 폐철로 부지를 공원과 산책로로 만든 곳이다. 우리나라의 청계천 복원 사업과 비슷해 보이지만 디자인적으로 깔끔하고 간결하며, 명확한 메시지를 전달한다는 점에서 사뭇 다르다고 할 수 있다. 철로 느낌을 살리기 위해 포장 재료도 기다란 콘크리트 블록을 썼는데 시골 기찻길 옆 풍경이 오버랩 된다. 하이라인의 백미는 고층건물들 사이로 뻗어나가는 철로와 그 위에서 자연스럽게 어울려 자라는 야생풀이다. 애초에 뉴욕 항에서 물자를 수송하기 위해 철로를 건물 사이사이, 또는 건물 중앙을 뚫어서 만들었는데, 기차가 다닐 당시에는 불쾌한 소음과 먼지로 덮였던 곳이 지금은 녹색 융단 위에 꽃이 피는 산책로로 탈바꿈했다.

뉴욕을 실제로 걸어보면 그리 크지 않은 도시임을 알 수 있다.

유럽의 오래된 도시가 가지는 역사성이 배제된 '지나기 위한 길'이 많은 곳이 뉴욕이다. 도시마다 각자 다른 잠재력을 갖고 있음에도 관광객들에게 대도시는 어디든 비슷한 느낌을 주게 마련이다. 하지만 대도시 한복판의 하이라인은 확실히 걷고 싶고 머물고 싶게 만드는 곳이다. 건물 3, 4층 높이에 공원이 조성되어 있어 계단이나 엘리베이터를 이용해야 하지만 사람들은 그런 불편함쯤은 아랑곳하지 않는다. 무엇보다 지면보다 9미터 높은 곳에서 도시의 속내를 바라보는 기분이 무척 새롭다. 옆 건물 창문으로 들여다보이는 포토스튜디오, 디자인 작업실의 실내 풍경은 호기심을 불러일으킨다. 거리를 다닐 때에는 눈길이 닿지 않던 곳을 바라볼 수 있으니 그만큼 도시에 대한 관심도 넓어진달까.

햇살이 좋은 날이면 하이라인의 넓은 벤치는 해를 쬐러 나온 시민들의 앞마당이 된다. 이곳의 관리는 직원과 대다수의 자원봉사자들로 유지되는데, 신청자가 항상 꽉 찬다고 한다. 정원일에 손을 보태고 싶어도 줄을 서서 기다려야 한다. 삭막한 주변 거리는 공중에 떠 있는 공원으로 생기를 찾았다. 거리뿐이겠는가, 빌딩이 즐비한 도시에 사는 사람들에게도 함께 즐기는 정원이 생긴 셈이다. 오래전에 만들어져서 방치된 철길로 물자 대신 꽃향기가 운반된다.

풀 한 포기가 사람을 끌어당기고, 사람은 다시 풀을 모아 꽃길을 만든다. 우리가 더 많이 찾을 수 있고 관심을 기울일 수 있는 곳에 공원이 있어야 하는 이유가 바로 이것이다. 이는 또한 정원 문화를 공원과 따로 떼서 볼 수 없는 이유이기도 하다. 마당에 풀 한 포기 키우고, 나무 한 그루 심어본 사람이라면 공원에

핀 꽃이나 길가에 핀 꽃을 무심하게 꺾지는 않을 것이다. 자주 가는 공원의 벤치 주변이 늘 청결하고 계절마다 꽃이 가득 피기를 바라는 마음이 커질 것이다.

지난해 영국 중부 지방의 작은 도시를 지나다 시내 공원에서 재미난 텃밭을 발견했다. 잔디가 넓게 깔려야 할 곳이 마치 누군가의 정원처럼 보였다. 자세히 들여다보니 상추, 콩, 치커리 등이 꽃들과 어우러진 화단 한쪽에 안내판이 하나 걸려 있다. 누구나 와서 수확할 수 있는 화단, 대신 다음 사람을 위해 남겨 놓기, 먹었다면 매주 월요일 오후 6시에 와서 가드닝에 참여할 것을 권함. 한창 수확기인 정원에는 아직도 많은 양의 먹을거리들이 남아 있었다. 이른 아침이라서 출근길이 바쁜 시민들이 눈에 띌 뿐이었지만, 텃밭의 고랑 사이로 사람들의 왁자지껄한 소리, 정원에 대해 도란도란 이야기를 나누는 장면들이 떠올랐다. 정원이 있는 공원, 우리 집 정원처럼 누릴 수 있는 공원에는 사람들이 모이고 그들이 모여 이야기가 생긴다. 그리고 사람들이 모이고 머무르는 곳에는 생기가, 변화가 있다. 우리가 바라는 집 앞 공원의 모습이야말로 이런 게 아닐까.

Gardeners

자 연 스 러 운
옷　　차　　림
영 국 식 정 원

영국에서 막 돌아온 뒤 나는 넘치는 열정을 주체하지 못했다. 유럽에서 부지런히 보고 온 정원들을 당장이라도 실현해야 할 듯한 조바심, 그리고 할 수 있다는 자신감에 하루하루가 분주했다. 일을 함께 해보자고 제안하는 곳도 있었고, 추천을 받아 포트폴리오를 들고 면접을 다니기도 했다. 그때 처음 만났던 지인이 나중에 말하기를, 그때 인상이 오랫동안 기억될 만큼 강렬했다며 눈빛에서 레이저가 나올 정도였다고 놀리듯 말씀하셨다. 눈빛뿐이었을까. 의욕이 넘치는 나머지 온몸에 잔뜩 힘이 들어간 모습은 우스꽝스러울 지경이었을 것이다. 정말이지 하루라도 빨리 일을 시작하고 싶은 욕심뿐이었다.

우연치 않게 영국식 정원을 계획하는 프로젝트에 참여할 기회가 생겼다. '드디어 나를 위한 일이야!' 그러나 나를 프로젝트에 참여시킨 선배는 조경 책임자로서 부딪히는 한계와 뜻이 맞지 않는 투자자와의 괴리를 토로한 뒤 염려하는 말을 남긴 채 손을 떼고 떠났다. 당시에는 선배의 말이 잘 와 닿지 않았다. '젊다는 게 뭐야, 도전을 피하지 않는 거 아냐! 어려움은 어디에나

도사리고 있어. 난관을 뚫고 나가는 것이 내가 짊어진 사명이야!' 나는 화상을 입을 만큼 뜨거운 열의에 불타고 있었다.

2만 평 부지에 테마를 입힌 정원 공간을 디자인에서부터 설계, 시공, 완성하는 것이 내 임무였다. 나는 야심차게 임했다. 많은 사람에게 감동을 주는 정원을 만들겠다는 각오로 열악한 현장 여건을 버티며 매진했다. 아이디어와 그에 따른 구체적인 계획을 보고한 후 승인이 떨어지면 일을 진행시켰다. 손발이 되어주는 시공 팀과 관리 직원이 있어 초반에는 일의 진척이 눈에 보였다. 이때 특히 심혈을 기울인 곳은 출입구에 들어서서 처음으로 만나는 입구 정원이었다. 삼각, 사각 모양으로 자로 잰 듯 구획을 그려 회양목으로 두르고 갖가지 꽃나무와 풀을 심는다. 입구 정원을 지나면 구불구불 휜 소나무가 새로운 공간이 펼쳐진다는 암시를 보낸다. 이어서 물이 흐르고 작은 암석원에 고산식물이 옹기종기 모여 있다. 주위는 사람 키를 훌쩍 넘는 주목을 줄지어 심어 높은 생울타리를 조성한다. 각각의 정원이 머릿속에서 멋진 풍경으로 그려졌다. 시공 직후에는 어떨지 몰라도 시간이 흐르면서 틀이 잡혀나갈 정원의 모습을 상상하면서 날마다 넓은 부지를 돌며 아이디어를 사정없이 끄집어냈다.

그러다 어느 순간 정원 전체가 머릿속에 들어오는데, 아차 싶었다. 다양한 유럽식 정원들로 구성된 퍼즐 조각을 하나씩 판에 끼워 맞춰보니 수묵담채화를 유화의 채색 기법으로 마무리한 듯한 어색함이 불편하게 느껴지기 시작했다. 영국에서의 경험을 바탕으로 야심차게 시작했지만 결과물은 영국에서 찍어온 수만 장의 사진 자료 중 몇 컷이 콜라주처럼 붙여져 있을 뿐이었다.

어색한 결과물의 원인은 '순수한' 영국식 정원을 만들어야 한다는 고정관념에서 출발한 데 있었다. 부지의 특성과 주변 경관을 더 깊이 들여다봤어야 했다. 장소의 잠재력을 분석한 후 영국식 정원을 재해석했어야 했는데 그 과정이 소홀했음을 깨달았다. 자신감과 열의에 가득 차서 진행한 만큼 스스로의 부족함을 인정하는 것은 쉽지 않았다. 설상가상으로 투자자는 도덕적 결함을 보이며 현장 직원들의 의욕을 곤두박질시키고 정원을 만드는 본질적 의미마저 흔들리게 했다. 결국 1년 만에 1차 조성을 마친 후 아쉬움을 남긴 채 현장에서 손을 뗐다.

8년 전 일임을 생각하면 그사이 우리의 정원 문화에 많은 변화와 발전이 있었음을 실감한다. 그동안의 시행착오와 방황은 지금 나만의 스타일을 고민하는 자양분이 되었다. 헛된 경험이란 없음을 현장의 고배를 맛본 뒤 한참이 지난 후에 알게 되었다. 지난해 가을 삼성동으로 출퇴근하는 오랑쥬리의 한 수강생이 하루는 근처 식당의 화단을 보고 내가 떠올랐다며 메시지를 보내왔다. 며칠 전 정원 리모델링 작업을 한 식당이었다. 고양 꽃박람회에 방문한 지인은 어느 정원에 서서 익숙한 느낌을 받았는데, 안내판에 내 이름이 적힌 것을 보고 한참 동안 웃었다고 했다. 한눈에 보고 알아챘다는, 그들이 말한 나의 스타일이란 무엇일까?

누군가 내게 정원 디자인을 의뢰할 때면 구체적인 도안을 그리기 전에 스스로에게 항상 묻고 또 묻는 질문이 있다. '꽃과 나무와 한 공간에 있으면서 어떻게 행복감을 느껴야 할까? 어떻게 하면 그 공간에 오래 머물 수 있을까?' 의뢰를 받고 뭔가 끼적거리기 시작해 마무리하는 순간까지 놓지 않는 물음이다. 그러

다 보면 무슨 무슨 스타일이라는 건 별 의미가 없음을 깨닫는다. 완성된 그림을 놓고 거꾸로 그 의미를 설명하는 미사여구에 불과하다.

우리의 정원은 보여주고 싶고 자랑하고 싶고 누군가에게 내세우고 싶은 방편이 되어왔던 것 같다. 일부 사람들만이 누릴 수 있는 특권으로 여겨지기도 했다. 자연을 가까이 두고 싶어 일상으로 끌어들인 데서 시작된 정원이, 어느 순간 인위적인 공간이 되어버린 것은 이 때문이 아닐까. 정교하게 다듬어 형태를 만든 나무를 두르고 철마다 형형색색의 화려한 꽃 카펫을 바꿔 까는 정원, 구불구불 굽이진 나무기둥의 곡선에 따라 값이 매겨지는 비싼 소나무와 빽빽이 깐 넓은 잔디가 정원의 공식이 되었다. 건물의 모습이 다르고 땅이 다르고 사람이 다른데, 정원의 모습은 똑같다. 우리 정원의 천편일률적인 모습을 대체할 새로운 공식은 어디에서 찾아야 할까. 그래서 사람을 보기 시작했다. 사람이 오래 머물고 싶어 하는 곳은 어떤 곳일까. 그 고민이 실마리가 되었다.

사람의 발길을 붙잡는 정원, 오래도록 머물고 싶은 정원을 만드는 데 꽃만 한 것이 없다. 내가 만들고 싶은 정원은 계절을 느낄 수 있는 식물이 자연스럽게 어우러진 정원이다. 하지만 꾸미지 않은 듯 자연스러운 정원은 생각처럼 쉽게 만들어지지 않는다. 멋 부린 티 나지 않는 자연스럽고 세련된 옷차림이 어려운 것처럼 말이다. 영국 정원을 한국에 그대로 선보이겠다던 도전은 어리석었다. 하지만 그때의 뼈아픈 실수가 없었다면 지금도 사례 사진을 뒤적이며 흉내를 내는 정도에 머물렀을지 모를 일이다.

Green Thumb

정원이 주는 선물

지난겨울 크리스마스를 앞둔 어느 날 이른 아침, 세 명의 정원사가 한자리에 모였다. '정원이 주는 선물'이란 주제로 토크 콘서트 형식의 강연을 하기 위해서다. 넓은 창으로 아침 햇살이 은은하게 들어오는 카페는 이른 아침부터 활기를 띠고 있었다. 일기예보에서도 옷깃을 단단히 여미게 하는 강추위라고 엄포한 터여서 혹여나 신청한 분들이 오시지 않을까 노심초사했는데 걱정과 달리 기대에 찬 눈빛의 사람들이 하나둘 들어오기 시작한다.

강연의 주제와 취지에 대한 간단한 설명에 이어 세 명의 정원사들이 슬라이드 앞에 마련된 의자에 자리를 잡고 앉았다. 나도 강연자 중에 한 사람이긴 하지만 다른 정원사들의 이야기가 기대돼 긴장되고 흥분된다. 먼저 말문을 연 문 정원사는 훈훈한 외모로 여성 참가자들의 관심을 모았다. '그린'이라는 드레스 코드에 충실하기 위해 전날 새로 사서 꼈다는 녹색 안경테에서 그의 충실함이 엿보인다. 안경테 너머로 보이는 눈빛은 선하게 반짝이는데 눈매가 예리했다. 그와는 지난 정원 여행에서

Gardeners

처음 만났다. 서울여대 플로라아카데미와 함께 준비해 8박 9일 동안 영국과 프랑스의 정원을 둘러보는 여정으로 떠난 여행이었다. 그는 여행을 함께한 열세 명의 일행 중 한 명이었다. 곤지암 수목원에서 정원사로 일하면서 동료와 함께 휴가를 내 유럽 정원 여행에 참가했다고 했다. 그는 일정 내내 정원에 대한 놀라운 열정을 보여주었다. 해가 지기 전까지 정원을 한 곳이라도 더 보려고 먼 길을 뛰어다니다시피 하다가 하루는 코피까지 쏟고 말았다. 많은 이야기를 나누지는 못했어도 그의 활기참이 좋았고 그 들끓는 열정에 미치지 못하는 현실이 안타까웠다. 그러다 여행에서 돌아온 얼마 뒤 그가 갑자기 수목원을 퇴사했다는 소식이 들려왔다. 퇴사 이유는 꼭꼭 숨기고 응원을 해달라는 말만 남긴 채 지방으로 내려간 그를 다시 만난 건, 유럽 정원 여행에 대한 특강을 하던 날이었다. 그날 그가 닫았던 입을 열었다. 수목원장이 꿈이었는데 실현을 목전에 두고 넘어졌단다. 그동안 모아둔 돈으로 수목원 자리를 보고 땅을 사서 지방으로 내려갔지만, 땅에 복잡한 문제가 생긴 모양이었다. 그는 이번 기회에 많이 배웠다며 괜찮다는 듯 털털 웃었다. 그는 '한 번 넘어진 수목원장'이라는 타이틀을 슬라이드 화면에 띄우고 이야기를 시작했다. 연민과 환심이 가득해진 방청객들에게 호감도가 급상승한다.

다른 한 명은 김 가드너. 얼마 전까지 교육생으로 있었던 미국 롱우드 식물원(Longwood Garden)의 따끈따끈한 이야기로 좌중을 집중시킨다. 그를 처음 만나러 갔을 때, 테이블을 미음 자형으로 배치하고 그 위에 양반 다리로 앉아서 슬라이드에 띄운 식물원 사진을 설명하는 모습이 인상 깊게 남아 있었다. 강의 말미에 지나가듯 대학교 때 민요 동아리에서 활동했다고 한 말을 놓치지 않은 참가자가 민요 한 소절을 요청했다. 그는 일말의 주저도 없이 바로 민요 한 가락을 구성지게 뽑아냈다. 민요를 들어서였을까? 연배가 꽤 높을 거라고 생각했는데 놀랍게도 삼십대 중반이다. 그 나이 대에서 보기 어려운 소탈함과 자유분방함이 얼굴과 목소리, 호탕한 웃음소리에서 느껴진다.

세 정원사가 느끼는 정원이 주는 선물은 과연 무엇일까? 사실 이틀 전에 미리 모여 사전 회의를 빙자해 수다를 나누면서 모두가 적잖이 놀랐다. 대화를 나누는 내내 세세하게 들여다보면 각자가 느끼는, 혹은 추구하는 정원의 가치는 다르지만 전체적으로 하나의 원 안에 머물고 있다는 것을 알았기 때문이다.

'한 번 넘어진 수목원장'은 이 직업을 통해서 자신을 발견하고 삶을 배웠다고 한다. 정원일을 하다 보면 절에서 묵언수행이나 좌선을 하는 듯한 느낌이 들 때가 있다. 스님들이 이야기하듯 잡념을 떨치고 '이 뭣고'를 되뇌는 수행은 조용한 절에 들어가 가부좌를 틀고 앉아서만 할 수 있는 것이 아니다. 물론 일상에서는 수많은 생각이 끊임없이 이어지고, 복잡한 것들이 보이고, 수만 가지의 소리가 뒤섞여 들려온다. 오롯이 나를 보는 일이 쉽지 않다. 그런데 정원에서는 식물을 보다가 어느 순간 나를 보고, 손은 잡초를 뜯으며 부지런히 움직이고 있지만 머리가 하얗게 텅 비는 순간이 문득 찾아온다. 조용한 정자에 앉아 바람소리에 귀 기울이며 잡념을 떨치려 애를 쓰지 않아도 정원에서는 자연스럽게 내려놓음이 이뤄진다. 정원일에 빠진 사람들의 얼굴에 온화한 평정이 깃드는 이유이다.

내가 생각하는 정원이 주는 선물은 '사람'이다. 정원이 내게 처음 건넨 선물은 나 자신이 자연 속으로 들어갈 수 있구나, 하는 깨달음이었다. 나에 대해 새롭게 발견하니 정원일을 통해 행복을 얻을 수 있었다. 그래서 시작한 오랑쥬리로 그 행복을 사람들에게 전달하고 싶었다. 그런데 놀랍게도 정원에서 행복을 느끼는 사람들은 이미 내 생각보다 많았다. 그들 역시 그 기쁨을 다른 이들에게 전하고 함께 공유하기를 바라고 있었다. 가족이나 친구와는 나누기 어려운 느낌, 그 느낌을 알고 있는 사람들을 만날 때 삶이 훨씬 더 역동적으로 바뀌는 것을 경험하고 있었다. 그렇게 정원에서의 행복을 함께 갈구하는 사람들이 만나 정원을 빌미로 친구가 된다.

"작년에 심은 튤립이 올라오기 시작했어요. 사진 좀 보실래요?", "작년에는 비가 많이 와선지 물이 잘 빠지지 않았는데, 올해 모래를 섞어주니 얼마나 잘 자라는지 몰라요.", "우리 집 양귀비가 많이 피어서 씨를 받았는데 좀 드릴까요?", "딕시랜드라는 품종은 무늬가 참 예뻐요. 정원에 한번 심어보세요." 정원 친구 '미루'와 나누는 대화이다. 나는 그를 정원 친구라고 부른다. 나보다 열댓 살은 많은 아저씨와 나누는 대화의 주제는 대부분 꽃이며 씨앗이며 흙이다. 정원 이야기를 하다 보면 나이, 성별, 직업에 관계없이 금세 친구가 된다. 사회에서 만난 친구는 깊은 우정을 나누기 어렵다고들 하는데 정원에서 만난 친구는 쌓아온 시간이 길지 않아도 평생 친구가 될 수 있을 것 같은 느낌이다. 꽃 이야기를 통해 친해지면 그 사람의 솔직함이 금세 드러난다. 그러기에 나도 꾸밈없는 마음으로 상대를 대하게 된다. 정원에 꽃을 보러 가지만 얻어오는 것은 사람이다. 언제든 정원에서 함께 시간을 보낼 수 있는 따뜻한 사람 말이다. 내게는 정원으로 연결된 사람이 바로 정원이 주는 가치 있는 선물이다.

김 가드너는 정원이 주는 선물은 '우리'라고 했다. '나'로 시작해 '너'로 이어지고, 마침내 '우리'가 된다. 여기서 우리는 사람을 포함해서 정원에 날아드는 새, 나뭇잎 위를 구르는 벌레 그리고 더 나아가 자연과 지구로까지 확장된다. 정원은 인공적으로 끌어들인 자연인 동시에 사람을 자연과 연결해주는 매개체이다. 따라서 앞마당의 정원이 인간의 삶을 위한 공간임에도 이기적인 공간이어서는 안 된다고 김 가드너는 말한다. 인간의 영역이 점점 넓어지고 있기 때문에 정원의 호랑가시나무 열매가 새들의 유일한 겨울 먹이가 되기도 한다고 한다. 김 가드너는 인간이 자연을 자신들의 영역으로 끌어들였다면 자연을 위해 노력하고 봉사하는 법도 알아야 한다고 힘주어 말한다.

정원일에서 얻은 소중한 경험이 차디찬 겨울 이곳을 찾은 이들의 마음은 물론, 각자 다른 경험을 가지고 있는 정원사들의 마음까지도 따듯하게 데워주고 있음을, 그 눈빛과 표정에서 읽을 수 있었다. 그저 정원을 좋아한다는 점 하나만으로도 서로 강한 동질감을 느끼고 있었다. 점점 많은 젊은이들이 정원사가 되기 위해 노력하고, 이런 생각을 경청하고 나눌 수 있는 사람들이 많아진다는 것은 우리 삶에도 행복한 청신호가 아닐까? 모두가 정원사가 된다면 분명히 우리 삶은 훨씬 덜 팍팍해질 테니까.

Green Thumb

혼자보다 우리일 때 도시정원사

한 통의 전화가 걸려왔다. 나긋나긋 전해져오는 낯선 목소리에서 왠지 모르게 신뢰감이 느껴졌다. 서초구 자원봉사센터에서 자원봉사자들을 이끌며 리더로 활동할 분들에게 정원 교육을 하고, 아울러 그들과 함께 서초구 곳곳에 꽃밭을 만들 사람이 필요하다고 했다. 계획을 듣고 있으니 순간 소름이 돋았다.

전화를 받기 며칠 전 한 보일러 명장이 14년간 노숙자를 대상으로 기술 교육을 해오고 있다는 기사를 읽었다. 14년 전 명장이 되어 받은 포상금으로 '사랑의 보일러 교실'을 열어 지금까지 교육생에게서 9백 원을 받고 교육하고 있었다. 돈을 받는 이유는 교육생들이 떳떳한 기분으로 교육 받았으면 하는 마음에서라는 대목에서 마음 한구석이 짠했다. 그분의 따뜻하고 진정성 가득 담긴 마음이 내게도 전해지는 듯했다. 아, 정말 훌륭한 분들이 많구나. 나도 뭔가 도움이 될 만한 일을 할 수 있지 않을까? 양로원이나 고아원에 화단을 만들어드리면 어떨까? 꽃을 보고 싫어하는 사람은 없을 테니 모두가 꽃을 보며 한 번씩 웃기만 해도 성공이라고 생각했다. 그래 조만간 작은 봉사라도 시작해봐야겠다. 그런데 혼자서 그런 생각을 한 지 며칠 만에 자원봉사와 관련된 이야기를 나누고 있었다. 마음속으로 생각한 일들이 하나씩 현실이 되는 것만큼 신기한 일이 또 있을까.

아직 봄이라기엔 이른 쌀쌀한 3월, 본격적인 '서초 도시 정원사' 교육이 시작되었다. 첫 만남의 자리는 언제나 긴장된다. 연륜이 있는 여성분들이 대부분이고 오륙십대, 이십대 남성 몇 분이 눈에 띈다. 네 시간을 연속으로 강의하기는 그때가 처음인데다 긴장까지 해서 오후가 되면 기진맥진 나가떨어졌다. 그래도 호응이 좋고, 질문도 많이 하시고, 발표도 잘하는 학생들(?)이라 한 달이 어떻게 지났는지 모르게 흘렀다. 교육을 마친 도시 정원사들과 함께 '우리 동네 정원 만들기' 프로젝트를 진행했다. 재활용기를 이용해 텃밭도 만들고, 대로변에 버려진 땅에 꽃씨를 뿌려 꽃길도 만들었다. 비가 부슬부슬 내리는 날에도 아침부터 야외에서 흙을 섞는 고된 일을 강행했고, 연일 최고 기온을 갱신하는 폭염에서도 땀을 비 오듯 흘리며 꽃을 심었다.

도시 정원사들의 열정은 대단했다. 뜨거웠던 그해 여름, 주민센터 옥상에 텃밭을 만드는 프로젝트가 진행되었다. 이번에는 계획부터 실행까지 온전히 도시 정원사들이 주도하기로 했다. 나는 재활용을 이용한 텃밭이란 주제만 제안했을 뿐. 어려운 주제를 어떻게 풀어갈지 걱정 반 기대 반이었다. 숙제를 안은 봉사자들은 바쁜 시간을 쪼개 아이디어를 짜내고 재활용 용기를 구하러 레스토랑, 재활용센터, 고물상까지 샅샅이 뒤지고 다녔다. 아파트 단지에서 쓰레기를 뒤지다 오해를 받는 해프닝도 벌어졌다. 행동 개시 날 아침, 주민센터로 향하는 도시 정원사의 손에는 재미난 물건들이 하나씩 들려 있었다. 시장바구니는 오히

려 평범하다. 우유 보급소에서 받은 박스, 더 이상 필요 없는 아기 욕조까지. 그런데 진가를 보여준 재활용기는 따로 있었으니, 구청에서 사용하고 남은 현수막 천을 꿰매어 흙을 담으니 상추며 토마토를 키울 수 있는 화분으로 재탄생했다.

자원봉사라 해도 힘든 건 매한가지일 텐데, 불평 한마디 없이 즐겁게 최선을 다해 일하는 모습을 보면서 처음엔 그저 대단하다, 존경스럽다 했다. 내 집 정원을 가꾸는 것도 아닌데 이렇게 애정을 갖고 흙을 파고 식물을 심다니. 그런데 그 모습에서 힘든 기색보다 즐거움과 행복함이 전해졌다. 혼자서는 지루하고 힘든 일일 테지만 함께하는 정원일이라 즐겁기만 한 걸까. 바이러스처럼 주위로 퍼지는 즐거움은 예쁘게 만들어진 꽃길보다 먼저 자원봉사를 하고 있는 이의 마음속에서 싹트고 있었다.

자원봉사자들에게 가드닝을 가르치고 이끌어야 한다는 책임에 어깨가 무거웠던 첫날이 떠오른다. 하지만 어깨는 점점 가벼워졌다. 자원봉사자들과 함께하기에 즐거운 가드닝에 눈뜰 수 있었다. 그동안 정원을 만들면서 시간과 비용을 절약할 방도를 찾느라 머리를 굴리며 효율성과 경제적 타당성에만 매달린 건 아닌지, 의뢰인과 디자이너 스스로에게만 만족스러운 결과물에 집착했던 것은 아닌지, 그러는 과정에서 정원일의 진정한 즐거움을 놓치고 있었던 것은 아닌지 뒤돌아보게 되었다. 정원에서는 혼자보다 우리가 있을 때 신명이 난다. 잘 만들어진 정원에서 느끼는 기쁨도 크지만, 정원을 만들어가는 과정에서 어울리는 기쁨이 더 크다. 그렇게 만들어진 곳은 더 많은 우리가 나눌 수 있는 즐거운 공간으로 변신하기 때문이다.

Green Thumb

게릴라
가든일지

2012. 4. 27. 메마른 땅에 삽을 꽂다 운중동 상가주택 지역에는 마치 옥수수 알이 듬성듬성 빠진 듯 아직 건물이 올라가지 않아 방치된 공터가 골목 사이에 숨어 있다. 작업실 앞에도 빈 땅 한 덩어리가 놓여 있다. 2년이 지났건만 건물이 들어설 기미가 보이지 않는다. 덕분에 운중천과 그 뒤로 펼쳐진 앞산이 하늘로 이어진 시원한 경관을 작업실 창문으로 고스란히 볼 수 있다. 하지만 시선을 멀리 가져갈 때 눈이 즐거웠다면 코앞은 골치가 아프다. 관리가 소홀한 빈 땅이다 보니 자꾸만 쓰레기들이 쌓여 간다. 보고만 있다가는 별의별 쓰레기가 빈 땅을 가득 덮을 기세다. 그러던 차에 쓰레기의 침입을 막아보겠다고 의외의 용사들이 나섰다. 건물 3층에 사는 가족들이 빈 땅 한쪽을 갈아엎기 시작한 것이다. 쓰레기 버리는 사람들을 탓하면서 인상만 찌푸리던 나는 이내 부끄러운 마음이 든다. 한발 늦었지만 일손을 거들어야겠다는 생각으로 다가간다. 땅을 갈아엎을 삽과 레이크를 어깨에 걸쳐 메고 잘 삭힌 퇴비 포대를 수레에 싣는다. 3층 박 선생님의 추진력은 대단하다. 빈 땅을 가득 메운 쓰레기를 빠른 속도로 걷어내고 치우기 시작한다. 왕년에 운동선수

를 지낸 체력이라지만 그 일에만 꼬박 이틀이 걸렸다. 뒤를 이어 3층 식구들이 땅을 갈아엎고 흙을 돋워 먹을 채소를 기를 자리를 만드는 데는 그리 오랜 시간이 필요하지 않았다. 빈 땅 한쪽이 정리되어가고 있었다. 남은 땅에는 이제 꽃밭을 만들 차례다. 꽃씨를 뿌릴 자리의 흙을 갈아엎기 시작했다. 예상은 했지만 땅심은 온데간데없고 푸석한 골재가 섞인 회색 부스러기들이 가득하다. 땅을 갈아엎으면서 드러나는 크고 작은 돌들은 꽃밭의 경계를 두르는 데 요긴하게 쓰일 터였다. 초등학교 다니는 재원이와 형식이가 돌들을 골라냈다. 진행이 착착, 수월하다. 이제 겨우 밑 작업이 끝났다. 고되다. 한숨 쉬었다 가자.

2012. 5. 3. 꽃씨를 뿌리고 '게릴라 가든'이라 이름 붙이다 꽃밭의 물자 수급 담당은 내 몫이 되었다. 주문해두었던 꽃씨가 드디어 도착했다. 샤스타데이지, 수레국화, 양귀비, 안개꽃, 천인국, 맨드라미가 흐드러지게 피는 들판을 만들겠다는 게 내 계획이다. 하트 모양으로 만든 화단에는 흰 꽃에 달빛이 비칠 모습을 상상하며 메밀 씨앗을 뿌렸다. 대장인 박 선생님과 아이들까지 함께 씨를 뿌리니 농번기의 농부들이 된 것 같다. 촉촉한 봄비가 새 생명의 물꼬를 터주기를 기원한다. 봄 가뭄이 계속되면 옥상에서 긴 호수를 내려 주기적으로 물을 주기로 한다. 그런데 아무래도 화단이 사람들이 자주 지나다니는 길에 맞붙어 있어 걱정이다. 무심코 발을 디딜 수 있으니 꽃씨를 뿌린 자리에 끈을 둘러 표시했다. 이름을 지어주고 싶다. 땡땡 화단? 땡땡 꽃밭? 어떤 것이 좋을까? 번쩍 떠오르는 것이 있다. 게릴라 가든! 내 땅이 아닌 곳에 꽃씨를 뿌려 초록으로 점령하려 하니 바로 우리가 게릴라 가드너 아닐까? 다만 꽃씨를 뿌리고 사라지는 것이 아니라 옆에서 상주한다는 게 다르면 다를 뿐.

2012. 5. 10. 싹이 나오긴 할까? 일주일이 지났다. 기온도 적당하고 물도 잘 주는데, 흙을 뚫고 나오는 용기 있는 녀석들의 기미가 보이지 않는다. 흙이 문제인 것 같다. 양분 가득한 부엽토를 더 섞어줬어야 했나? 물자 수급 담당으로서 책임이 느껴진다. 뒤늦게 덧거름을 주고, 박 선생님은 한의원에서 버려지는 한약재 찌꺼기도 뿌려줬다. 하트 모양으로 만든 메밀밭에 자주 오는 단골손님들이 있다. 제비와 비둘기를 비롯한 도심의 새들. 어떻게 알고 왔는지 알이 큰 메밀 씨를 콕콕 쪼아 먹는다. 야속하다. 이런 일은 예상하지도 못했지만, 그래도 씨를 넉넉히 뿌려뒀으니 괜찮을 거다. 저희들도 양심이 있다면 모조리 먹어치우진 않겠지. 새들의 양심을 믿고 열심히 물을 줄 뿐이다. 기대처럼 새싹은 금세 올라오지 않는다. 매일 번번이 들러 웅크리고 앉아 새싹이 올라오길 기다리는 것도 지쳐간다.

2012. 5. 12. 드디어 얼굴을 내민 메밀 새싹들 씨를 뿌리고 열흘 정도 지난 듯하다. 한가한 오후, 여느 때처럼 쪼그리고 앉아 메밀밭을 들여다본다. 어! 싹이 나왔다, 싹이! 자세히 보니 보호색으로 흙색을 띠던 새싹들이 초록으로 하나둘 눈에 들어온다. 학교에서 돌아오는 길인 재원이에게 기쁜 소식을 먼저 알렸다. 우리가 성공한 거야! 자주색 줄기 위에 두 장의 떡잎이 벌어진다. 결국 땅을 뚫고 나올 거면서 이렇게 애를 태우다니!

2012. 6. 11. 무너진 허생원 메밀밭 메밀은 자라서 하트 모양 테두리 안을 초록으로 채웠다. 메밀은 두 달에서 석 달, 비교적 짧은 기간에 성장하고 척박한 토양에서도 잘 자란다. 메밀이 바람에 일렁일 만큼 쑥쑥 자라기를 바랐다. 그런데 6월에 들어서자마자 성장을 멈추고 느닷없이 꽃을 피운다. 이효석의 봉평 메밀밭도

이랬을까? "산허리는 온통 메밀밭이어서 피기 시작한 꽃이 소금을 뿌린 듯이 흐뭇한 달빛에 숨이 막힐 지경이다." 『메밀꽃 필 무렵』의 메밀밭 모습이다. 허생원이 달빛에 취해 옛 추억을 떠올렸던 그 메밀밭의 모습을 기대했는데, 눈앞의 메밀밭은 소금을 뿌린 듯 새하얗기는커녕 꽃은 피었으나 작고 비리비리해서 흙바닥이 듬성듬성 드러나 보인다. 시작은 창대했으나 끝은 미약한 운중동 메밀밭의 환상은 그렇게 조각나고 있다.

2012. 7. 2. 맨땅을 뚫고 나오는 초록들 꽃밭에서는 싹이 제법 올라왔다. 흙을 고르고 잡초를 뽑긴 했어도 이 동네 천덕꾸러기 개망초가 침투해 있을 게 뻔하다. 아직은 뿌린 씨앗에서 나오는 싹인지 개망초의 싹인지 명확하게 구분이 가지 않는다. 거친 흙을 뚫고 나오느라 고군분투하는 초록들이 가상하다. 첫 꽃을 피운 건 수레국화였다. 치어리더가 분홍색 응원 수술을 두 손에 들고 둥글게 펼친 것 같다. 보라색 수술도 금세 머리를 흔든다. 분홍꽃과 보라꽃이 누가 누구랄 것도 없이 한데 어울려 피어나기 시작했다. 메밀과 마찬가지로 평균 키에도 못 미치는 작은 풀로 자랐지만, 나는 매일같이 꽃들과 새싹들에게 눈을 맞춘다. 미안하다. 좋은 밭을 만들어주지 못해서. 대견하다. 그래도 꽃 피워줘서.

2012. 8. 1. 해바라기, 봉숭아, 맨드라미, 한련화 꽃을 피우다 눈으로 금방 셀 정도지만 듬성듬성하게나마 꽃이 피니 꽃밭이 완성되어가는 모습이다. 해바라기조차 키가 작다. 그나마 크고 샛노란 얼굴이라 멀리서도 눈에 띈다. 맨드라미도 땅에 붙어 겨우 빨간 닭 볏 같은 얼굴을 내민다. 대단하다. 건강하지도 않아 보이는데 애써 꽃을 피우는 걸 보면. 너희들은 세상에 나온 목적이

뚜렷하구나. 안 그래도 비실비실한 안개꽃은 힘겹게 흰 꽃을 매달고 섰다. 잎사귀가 둥근 동전같이 생긴 한련화의 샛노란 꽃이 여름을 알린다. 예쁘고 기특한 녀석들. 빈 땅 여기저기를 점령하며 왕성한 생명력을 발산하는 개망초보다 모자랄 것이 없다. 이제 본격적으로 이 꽃들을 위해 사투를 벌일 차례다. 개망초를 하루빨리 제거해야 한다!

2012. 10. 3. 아직 끝나지 않았다 운중동 게릴라 가든은 잡초인지 꽃풀인지 모를 초록 식물들이 뒤섞여 작게 소리치고 있다. 첫술에 배부를 수 없다지만, 우리가 생각한 것보다 한참은 모자란 꽃밭이 된 것 같다. 가을이 되니 내심 기운이 빠진다. 우리가 게릴라 가든에 매진하는 사이 운중동의 다른 빈 땅에 꽃밭보다 더 아름다운 텃밭이 자리 잡고 있었다. 골목 곳곳의 빈 땅을 일구는 도시농부들의 솜씨이다. 정성스레 키운 옥수수, 콩, 상추, 배추가 콘크리트나 쓰레기 대신 골목을 채우고 있다. 꽃을 심어 가꾸는 정원 못지않다. 과꽃이 보이는 센스 넘치는 텃밭도 있다. 숙련된 농사꾼이 밭을 갈고, 돌로 경계를 쌓고, 갖가지 모종을 줄지어 심고, 지지대를 세우는 과정은 그 자체가 아름다운 정원이다. 자신이 즐거워 시작한 일이지만 지나가는 사람들의 얼굴에 기분 좋은 미소를 번지게 만드는. 우리의 게릴라 가든도 아직 끝나지 않았다고, 여전히 진행중이라고 마음을 다잡는다.

2012. 12. 10. 다가올 봄의 게릴라 가드닝 겨울이 되었다. 동네가 잠잠하다. 지나는 사람들도 눈에 띄게 줄어 한적하다. 길거리와 달리 1층에 입점한 상점들은 분주하다. 레스토랑, 헤어숍, 애견 센터, 커피공방, 시가 전문점……. 안을 가만히 들여다보면 모두 자신들의 일에 눈을 빛내며 바쁘게 움직이고 있다. 하루는 상가

사람들이 모여 조촐한 파티를 열었다. 이 자리에서 예전에 근무한 설계사 소장님이기도 한 프란님이 동네 모임의 대장을 자청하며 한 가지 아이디어를 내놓았다. 지난해 오랑쥬리 건물 앞에 핀 해바라기를 유심히 봤다며 다 함께 게릴라 가드닝을 해보자는 제안이었다. 작고 초라하게 핀 꽃에 마음이 움직였던 분들이 많았던 걸까? 우리는 다가올 봄의 게릴라 가드닝을 약속했다.

2013. 4. 4. 꽃씨 뿌릴 사람 여기 모여라! 운중동 게릴라 가드닝의 두 번째 막이 열린다. 지난겨울 송년 모임 때 분위기에 휩쓸려 우르르 오케이를 그리셨던 분들께 의기투합하는 날을 공지했다. 행동 대장인 프란님을 도와 주변 상가를 하나하나 돌며 동참 의사를 물었다. 간혹 의외로 싸늘한 반응들도 보인다. 여차여차 설명을 해보지만 얼어붙은 경기 탓인지 바쁜 업무 탓인지 게릴라 가드닝에 내어줄 관심과 시간은 없어 보인다. 생각이 다른 것을 탓할 수 없으니 멋쩍게 나올 수밖에 없다. 막상 참여할 사람들을 파악해보니 몇 되지 않는다. 흔쾌히 참여하시겠다는 분들도 가드닝 일정이 업무와 겹치면 시간을 내기가 어렵다고 한다. 프란님과 나는 잠시 실의에 빠졌다. 결국 우리 두 사람만 해야 할 수도 있다. 일단 공동 경비로 씨앗과 모종을 사러 양재동으로 향했다. 잘 아는 자재상에서 씨앗이며 부엽토 가격을 잘해주신 덕분에 예산에 비해 충분한 양을 구매했다. 지난해 땅심에 대한 아픈 경험이 있어 질 좋은 부엽토는 특히 넉넉히 준비했다. 출격 전날 모든 물품 준비 완료!

2013. 4. 5. 운중동 게릴라 가드닝 2주년 식목일 아침 10시. 프란님 사무실 앞에서 집결. 지난해 가을 받아두었던 해바라기, 배초향, 수레국화 씨앗을 챙기고 농기구로 무장한다. 커피공방 분들

의 호응이 가장 좋다. 오기 힘들다던 레스토랑 주인장님을 비롯해 헤어숍에서는 직원분들까지 단체로 가세했다. 애견 센터 사장님도 꽃을 좋아하신다며 총총 달려오신다. 어제의 걱정이 싹 사라진다. 천군만마를 얻었으니 돌격만 남았다. 빈 땅 가장자리의 흙을 엎는다. 칡뿌리가 나오고 골재가 묻혀 있어 남자들이 힘깨나 썼다. 오후 내내 다리가 후들후들했다는 후문. 지저분했던 잡초와 쓰레기만 정리해도 한결 깔끔하다. 드러난 검고 촉촉한 흙을 보니 건강한 봄이 찾아올 것만 같다. 씨앗을 뿌리고 흙을 덮는 일은 섬세한 손길을 가진 이들의 몫이 되었다.

2013. 5. 16. 유채가 피었습니다 하루가 다르게 싹이 쑥쑥 올라오고 있다. 씨앗을 왕창 쏟은 부분의 새싹들이 너무 빽빽한데 솎아주자니 맘에 걸린다. 솎아줘야 할까 고민하던 차에 쑥 자라 오른다. 점심시간마다 꽃밭을 들여다보는 게 일이 되었다. 꽃이 푸짐하게 핀 너른 들판을 상상한 분들은 더디게 자라는 풀을 보고 조바심을 내기도 한다. 지난해 메밀밭에 비하면 대성공인데 말이다. 싹이 빼곡히 난 후 얼마 지나지 않아 유채꽃이 피었다. 작고 노란 꽃송이가 올망졸망 매달렸다. 연한 초록색 잎과 노란 꽃이 생기를 준다. 봄바람을 맞으며 유채 앞을 지날 때면 리듬에 맞춰 깨금발로 뛰어가고 싶어진다.

2013. 5. 18. 2년차 게릴라 가든, 살아 있네! 어머나, 웬일인가? 지난해 만든 작업실 앞 게릴라 꽃밭에서 천인국이 마구마구 올라온다. 샤스타데이지도 마구마구 올라온다. 지난해의 실망이 올해는 희망으로 전환했다. 천인국이 참 탐스럽다. 한번 피기 시작하니 씨앗을 맺는 순간까지 오래도록 피어 있다. 한 포기에서 시작되더니 언제 숨어 있었는지 여기저기서 앞다퉈 자라난다. 작업

실에 오는 사람들의 발길이 자연스레 천인국 앞에 먼저 머문다. 지난해 비리비리하던 풀포기에 비하면 얼마나 튼실하고 건강한지. 땅심이 살아난 건가? 자연은 노력을 저버리지 않는구나.

2013. 7. 15. 절정을 달리는 운중동 게릴라 꽃밭 2년 차 게릴라 꽃밭의 천인국과 샤스타데이지가 가드너의 체면을 살려주고 있다. 올해 천인국이 풍년이니 내년엔 천인국 밭을 만들어봐야겠다. 이따금 올라와 자라는 수레국화도 반갑다. 그런데 도대체 메밀의 행방은 어떻게 된 걸까? 도무지 미궁 속이다. 1년 차 꽃밭에는 해바라기가 피었다. 배초향도 보라색 향기를 가득 담아 꽃을 선보였다. 배초향 꽃은 의미가 남다르다. 지난해 게릴라 꽃밭에서 받아둔 씨를 뿌려 꽃을 보았기 때문이다. 올해 핀 꽃에서 받은 해바라기 씨, 천인국 씨, 배초향 씨도 어느 공터에선가 생명을 틔우게 될 것이다. 이것이 내가 계획하는 게릴라 꽃밭 만들기 장기 전략이다. 시간이 걸리더라도 한 개에서 두 개로, 두 개에서 세 개로 이어지며 꽃밭이 조금씩 번져나가는 것. 꽃씨가 퍼지듯 우리 사이에도 자연이 번지기를, 씨앗이 자라 꽃을 피우는 모습을 보는 얼굴에 여유의 미소가 드리워지기를! 운중동의 조용한 움직임이 진행 중이다.

Green Thumb

정원에서 함께 늙어간다는 것

영국 정원을 돌아보며 적잖게 놀란 점이 있다. 정원이 크거나 작거나 관계없이 둘러보는 사람들 가운데 노부부가 함께 거니는 모습이 많이 보인다. 손을 꼭 붙잡고 정원을 거닐거나, 함께 화단을 바라보며 소곤소곤 한참 동안 이야기 나누는 모습들 말이다. 중장년에서 노년에 이르는 영국 부부들이 정원에서 둘만의 시간을 보내는 모습은 한국에서만 살아온 이십대 젊은 여성의 눈에는 참 인상적이었다.

시싱허스트 캐슬 가든을 돌아볼 때였다. 중절모에 크림색 카디건을 입은 점잖은 할아버지와 밝은 연둣빛 치마에 단아한 자태가 느껴지는 할머니가 화단 앞에서 오랫동안 이야기를 나누고 있었다. 어찌 보면 대수롭지 않게 그냥 지나칠 광경이었지만 나는 그 모습을 넋을 잃고 한참 동안 지켜보았다. 그날 두 분을 유심히 보며 가슴에 다짐 하나를 새겨 넣었다. 나도 저렇게 늙어가고 싶다고.

아무리 아름다운 꽃과 식물로 가득한 정원이라도 금방 싫증을

내는 사람이 있다. 이런 사람과 정원에 동행한다면 내 욕심으로만 찬찬히 둘러보기 힘들어진다. 자세히 보고 음미하고 싶은 것이 많아도 이내 마음을 접고 발길을 빨리한다. 그들에게는 이 꽃이 저 꽃 같고, 돌아봐도 나무요 풀일 테니 두 시간 이상을 한 정원에서 보내는 것이 고역일 수 있겠다는 생각에서다. 나는 정원에서 보통 반나절을 훌쩍 넘기곤 한다. 다 돌아봤겠거니 해서 출구 앞까지 나오다 보면 한 번 더 눈에 담고 싶은 곳이 떠오르거나, 줄곧 입 안에서 달달 외던 새로운 꽃 이름이 생각나지 않아 발길을 돌려 다시 들어가기 일쑤인데, 이런 나를 이해해줄 사람이 있을까 싶었다. 그래서 일부러 약속을 만들어 누군가와 동행하느니 혼자 여유롭게 보고 오기를 즐기는 편이었다. 그렇지만 그럴수록 마음 한 편에는 함께 정원을 거닐며 이야기를 나눌 수 있는 사람이 있으면 좋겠다는 바람이 커져만 갔다.

지금 내 옆에 있는 사람이 그 바람을 채워줄 수 있을까? 다행인 건 그럴 수 있겠다는 희망이 보인다는 점이다. 남편을 소개받고 한두 번 만나 친해지고 있을 때였다. "등산 같이 할래요?" 설마 가겠어 하고 던진 말에 내가 덥석 "등산 좋아해요, 같이 가요!"라고 대답해서 그는 놀랐다고 한다. 청계산 등산에 이어 다음 만남에선 휴일을 이용해 조성 중인 수목원을 답사했다. 답사가 끝난 후 그냥 돌아오기 아쉬워 근처 작은 수목원에 들르기로 했다. 여러 후보지가 있었지만 수목원을 떠올리자 바로 의견이 일치했다. 한여름이 지난 수목원에는 보랏빛이 바래가는 수국 꽃송이 볼이 뭉글뭉글 매달린 채 말라가고 있었고, 우람하게 자라는 큰꿩의비름과 개미취가 흐드러지기 시작했다. 꽃이 피어 있으면 꽃 이야기를 나누고, 잘생긴 나무 옆을 지날 때는 나무 이야기에 빠져드느라 한곳에 한참 머물곤 했다. 맑은 주말인

데도 방문객이 드물었고 그나마 간혹 마주치는 방문객들도 모두 우리 옆을 빠르게 지나쳐갔다. 꽃 이름을 척척 대는 내가 무척 신기했던지 그의 손가락은 꽃들을 가리키느라 바빴다. 아름드리나무가 심어진 작은 길을 따라 여유 있게 거니는 동안 둘은 꾸미지 않은 마음속 담백한 이야기들을 나눌 수 있었다.

지금은 정원 없이 정원을 즐기는 가드너로서 만족한 삶을 살지만 10년 혹은 20년 후에는 남편과 함께 돌볼 수 있는 정원을 갖고 싶다. 그는 땅은 거짓말을 하지 않는다고 믿는다. 작은 땅에 소박한 집을 짓고 나무를 가꾸며 사는 것이 진짜 삶이라고 생각한다. 나무에 이끌려 정원을 구경하러 오는 사람에게 맛있는 끼니를 대접하고 푹 쉬었다가 가도록 아늑한 방까지 내놓을 수 있다면 정말 재미있지 않겠냐고 말하는 그의 눈은 '이담에 커서 뭐가 되고 싶니?'라는 질문에 대답하는 어린아이 눈처럼 초롱초롱하다. 파스타 한 접시를 받아먹고 맛있다고 칭찬하면 나중에 손님에게 내놓을 음식은 본인이 책임진다고 너스레를 떤다. 이 사람의 생각은 어디까지 가고 있을까, 가만히 듣다 보면 시간 가는 줄 모를 때도 있다. 그는 상상의 나래를 편다. 외국인이나 학생들이 정원이나 텃밭에서 정원일, 농사일을 하며 몸으로 일하는 시간을 경험하게 해주거나, 자율적인 방법으로 운영되는 공동체가 생기면 좋겠다며 자기가 꿈꾸는 세상을 이야기한다. 당장 시간과 마음의 여유가 없는 생활을 하고 있어서 더 그런 생각에 몰두하나 싶어 안쓰럽기도 하다.

앞날의 계획에 대해 아직 몇 대목에서 합의점을 찾진 못했지만 가능성을 열어두고 차근차근 실천하려 한다. 우선 나무부터 심기로 했다. 나무를 심는 일은 나 또한 오래전부터 꼭 해보고 싶던 일이다. 풀과 다르게 나무는 쉽게 엄두를 낼 덩치가 아니다. 그럼에도 삽목도 하고 전지도 하면서 소담하고 단정하게 나무를 길러보는 것은 삼십대가 가기 전에 해야 할 일 목록 중 하나이다. 시행착오는 당연히 각오하고 있다. 어쩌면 시작하지 않으면 결코 경험할 수 없다는 생각으로 지금까지 살아왔는지 모른다. 꿈을 구체적으로 현실화하는 과정은 빠를수록 좋다고도 생각한다. 보고만 있어도 기분 좋은 나무와 친해지는 과정이라고 생각하면 겁낼 것도 없다. 우리가 키워가는 나무에서 어떤 이야기들이 꽃 피고 열매가 열릴지 벌써 기대된다. 사서 고생하는 일이 될 수도 있고, 나무 키워봐야 별거 없다고 충고하는 사람도 있다. 해보고 싶은 건 꼭 해야 하는 성격은 서로 말릴 수 없는 지경이니 땔감이 되든 정원수가 되든 나와 남편이 직접 키워가겠다는 생각에는 변함이 없다.

시싱허스트 캐슬에서 마주친 노부부의 뒷모습에 마음을 빼앗겨 찍은 사진이 한 공모전에서 입상한 적이 있다. 사진의 제목은 '30년 후 나의 모습은'이었다. 함께 가꿔온 정원을 바라보며 시간 지나는 줄 모르게 이야기를 나누는 장면을 꿈꾼다. 정원일은 시간을 담고 있다. 그냥 지나쳐 보내는 시간이 아닌 마음과 손길과 노력이 깃든 시간이다. 그 시간에는 식물의 성장을 돌봐주고 아껴주는 나의 노력뿐만 아니라 그것을 함께하고 지켜봐주는 사람의 눈빛이 들어 있다. 쓰러지는 풀을 함께 일으켜주고, 어려움이 닥칠 때에는 토닥여주고, 함께 머리 맞대고 궁리하고 일궈가며 그 시간들이 밀도 있게 쌓여갈 때 찬란한 빛을 발하는 보석 같은 정원이 완성된다.

얼마나 즐거울까, 함께 나무를 가꾸고 정원을 일궈나가는 삶은.

정원이라는 완성품보다 그 과정에서 많은 일들과 이야기가 숨겨져 있을 앞으로의 30년이 기대된다. 그 삶을 함께할 수 있는 사람이 옆에 있음에 더욱 감사하다.

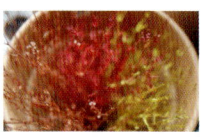

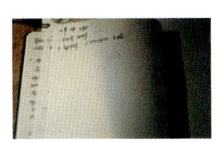

그린썸, 식물을 키우는 손

초판 1쇄 2014년 7월 10일
초판 5쇄 2022년 1월 10일

지은이 주레민 **펴낸이** 이재현, 조소정
편집 조형희 **제작** 세걸음

펴낸곳 위고
출판등록 2012년 10월 29일 제406-2012-000115호
주소 경기도 파주시 회동길 290 206-제5호
전화 031-946-9276 **팩스** 031-946-9277

hugo@hugobooks.co.kr
hugobooks.co.kr

© 주레민, 2014

ISBN 979-11-950954-3-8 13520

이 책 내용의 일부 또는 전부를 재사용하려면 반드시 저작권자와 출판사 양측의 동의를 받아야 합니다.

8, 207, 240–241페이지 사진 © 주상민